# 読まれる覚悟

桜庭一樹 Sakuraba Kazuki



★――ちくまプリマー新書
478

# はじめに

いつかは自分も本を出してみたい。小説が好きで、読んでいると、そう思うことがありませんか？

わたしは中学生のころから小説家になりたくて、授業中によくサインの練習をしていました。

もしあなたが小説を書いて出版されるなら、それは何を、どんなふうに書いた文章でしょうか？

小説には自分のことをそのまま書くわけではありません。でも密かに大切に思っていたことや、誰にも言わなかった秘密など、自分自身の人生を投影した物語を書くこともあります。

普段の生活では、そんな大切なことを誰に話そうか、どんなシチュエーションのときに話そうか、それとも黙っていようか、自分で決めることができます。家族や先生や友達と会話するときも、あなたもいつも自然と、何を話すか、何は話さないかを選んでいると思います。わたしもそうしています。たとえばいじり体質の人には推しの話はしないでおこうかなぁ、とか。大切なことを小声でそっと話すとき、そこにはわたしの裸の心があるからです。

あなたがもし将来、小説に大切なことを書いて出版したら、でも、この状況は一変することでしょう。

身の回りの親しい人も小説を読んでくれたりします。たくさんの知らない人たちが読者になり、さまざまな感想を持ってくれます。つまり小説を出版することには、不特定多数の人に、衆人環視のもとで自己開示するという面もあるのです。

小説を一生懸命書いて、誰かに読まれたいと願って、それなのにいざ読まれるとなると辛《つら》いことも起こります。矛盾しているかもしれませんね。

わたしは、小説家という仕事には〝読まれることそのものの痛み〟がつきものなんじゃないかと思っています。

解釈されることは、傷を受けることだからです。

自分自身の魂を削って書いたものを、いろんな人がいろんなスタンス、いろんな態度で読んでくれます。一度出版された本にはそれが半永久的に続きます。

そんな時間の中で、わたしは二五年、小説家という仕事を続けてゆっくり歩いてきました。

この本のタイトルは『読まれる覚悟』です。あなたはこれをどういう意味だと思って手に取ってくれたでしょうか?

わたしはというと、「小説を出版したからには、誰にどんな感想を言われても仕方ない」「それを我慢できないのは、プロとしての覚悟が足りないせいだ」という意味ではないと思っています。でも「作者は自分なんだから、誰にも何も言わせないぞ」ということでもないと。

この本では、あなたが将来小説家になったとき、心をなるべく平穏に保ちながら、読まれる立場に身を置きつづける方法についてお話します。

小説家による「小説の書き方入門」はありますが、「小説の読まれ方入門」はなかなかなかったのではないかなと思っています。

一章では、小説が出版されたときに起こること。
二章では、一般的な読者の方にどう読んでもらうか。
三章では、批評家や書評家の方と共存する方法。
四章では、ファンダムがある作品の原作者になること。

この順番で（ときどき話が脱線しながらも）書いていきたいと思います。
では、あなたにしばらくお付き合いいただけたら幸いです。

# 目次 ＊ Contents

挿画●シシヤマザキ

第一章

# 本を出したらどうなる？

〝読まれることそのものの痛み〟といいましたが、そこにたどり着く前に、まず長い道のりがあったのでした。

本がまったく売れない。誰にも読まれていない。評価されない……。

そこを乗り越えて、ようやく読んでくれる人が現れたと思ったら、今度は小説家が予期できないような反応も生まれはじめます。

ともかく、じつにいろいろなことが起こります。

まずデビューするところから説明を始めたいと思います。

さいきんは、ホラー小説家の背筋さんのように、カクヨムなどのＷｅｂで作品を発表したり、麻布競馬場さんのように、ＳＮＳでの投稿が話題になって出版社にスカウトされる方も増えています。ほかにもさまざまな道があります。

とはいえ、もっとも多いパターンはやはり、新人賞に応募することでしょう。

おおきな出版社が主催する歴史の長い賞や、新しく始まったばかりの賞。純文学やエンターテインメント、ＳＦやミステリーなど、さまざまなジャンル。原稿の長さも、長編に短編、ショートショートといろいろあります。これまでの受賞作や、主催している雑誌に掲載されているプロの作品を読んで、ここではどういう作品が求められているのかを摑《つか》んでから、自分に向いていそうな場所を選ぶとよいでしょう。

デビューしたらすぐスター作家になれそうな有名な賞は、応募数も数千作とすごかったりします。それでも自分に自信がある人と、そんな数字を見ただけで「勝てる気がしない……」と弱気になる人がいるでしょう。わたしの場合は後者でした。そこで、その年始まったばかりのライトノベル・レーベルの新人賞、ファミ通エンタテインメント大賞に応募しました。

応募数は二〇〇作ちょっと。優秀賞が一名、佳作が二名、特別賞が一名出て、わたしは佳作でした。つたないところもありましたが、選考委員の方がよいところをみつけて推してくれ、なんとか入選できたようでした。受賞作は本になることが規定されていたので、ともかくデビュー第一作が出せることになりました。

賞によっては、受賞したからといって出版が確約されているわけではないこともあります。また短編の賞の場合は、さらに四、五本の短編を書いて雑誌などに掲載されてから、ようやく短編集の出版の可能性が生まれます。だから何年もかかりますし、努力を重ねても出版まで至らないこともあります。

ともかく受賞すると、担当の編集者さんがついてくれます。この人と二人で原稿をブラッシュアップします。これまでは一人で小説を完成させてきましたが、人の意見を聞いて直すという新しいフェーズに入るのです。

直した原稿に編集者さんのOKが出ると、紙に印刷されたゲラになります。

校閲者さんが文法やデータのミスなどを鉛筆書きで指摘してくれるので、それを見て赤ペンで直すことを書きこみます。この作業は二回繰り返されることが多いです。一回目を初校ゲラ、二回目を再校ゲラといいます。

タイトルも相談のうえで変わることがあります。わたしの場合、応募したときは『夜空に、満天の星』でしたが、営業担当さんの意見を受けて『AD2015隔離都市――ロンリネス・ガーディアン』になりました。

次に編集者さんが、著者の意見も聞きつつデザイナーさんと打ち合わせし、表紙のイラストや写真を発注して、デザインの作業を進めます。

営業会議で部数が決まります。

発売日のだいたい一カ月前ぐらいから、いよいよ印刷が始まります。

そして発売日の一週間から一〇日ぐらい前に見本が刷りあがります。ここで初めて自分の本と対面します。このときは感激します……。

自分が書いた小説がまだ見ぬ読者の方の手に渡り、読まれるということが、わたしは最初ピンときませんでした。夢の中で雲の上をふわふわ歩くような心地でした。あのときは嬉《うれ》しかったなぁ！

そして……。

初めての本が書店に並びます！　一日経《た》ち、二日経ち……。さて、なにが起こるのでしょうか？

## 1　まったく売れていないようだ

本が出版されたら人生に大きな変化があるという予感がしていました。大きな扉が開いて明るい場所に行けるイメージが広がり、わくわくしました。

でも……。

現実には、誰も知らない新人の作品がいきなり話題沸騰で売れるということは、あまりよくあることではないようです。

あちこちの書店を回って、置いてあることを確かめたり。置いてなくて不安になったり。誰か買わないかなとうろうろするけれど、手に取る人さえいなかったり。読んだ人が知り合いや家族以外には見当たらないまま、時が過ぎていきました。

一日一日と、不安と焦りが蓄積していきました。これじゃデビューしてないのと同じじゃないか、いやいや、そんなはずはない、だってもう小説家になったんだから、と自問自答しました。


当時、大人向けの小説とライトノベルはまったく別の世界でした。ライトノベルは小説よりむしろ漫画との親和性が高かったと思います。

ライトノベルの世界では、初速という最初の一週間の売り上げで本の運命が決まりがちでした。

最初の一週間で売れなかった本が、後から売れることはほとんどないといわれていたし、次の週には別のレーベルの新刊がドッと出て、書店の平積みの棚の顔ぶれも変わってしまうからです。

そういうシステムを理解してからは、本が出ると、最初の一週間、初速というものが怖くて仕方なく、大手書店の売り上げデータを検索したり、編集者さんから聞いたりしました。焦りと不安に押しつぶされそうになりました。

初速がよければシリーズ化できるので、小説家としての未来がかかっています。

わたしはデビューしてから四年近く、何度も、あぁ、売れなかった、まただめだったということを繰り返しました。

当時は新人賞でデビューさせた人の本は三冊は出す、そこまでは責任を持つ、と決めている出版社が多かったようです。でもわたしはデビューしたレーベルからなかなか本が出せない時期もありました。先輩の小説家さんに紹介してもらったりして、他のレーベルにも売りこみに行き、ようやくそこでも本が出せて、でもそれも売れなくて……という繰り返しで、約四年が過ぎていきました。

## 2 誰にも読まれていないようだ

デビュー前のわたしは、小説は書き終わったときがゴールだと思っていました。でもじつはそうじゃないことに、プロになってから気づきました。

新人賞で佳作入選したとき、あんなに嬉しかったのは、デビューできるからだけじゃなく、見知らぬ誰かが読んでくれて、評価したりしなかったり、何かを感じたりしてくれたからでもあったのだと。それが下読みの方、編集部の方、選考委員の先生だったのだと。

カクヨム出身の背筋さんや、SNSから注目された麻布競馬場さんなどの場合も、きっとSNSを通して反響があったとき、同じような気持ちになられたんじゃないかなと想像します。

わたしの場合、それなのに、デビューした後はまたもや誰も読んでくれない状態に戻ったような気がして、むなしかったです。たとえるなら消えたみたいというか……。パソコンの故障で書いた原稿が全部なくなってしまったときの気持ちに近かったかもしれません。

誰かが読んでくれないと、書いた人は、苦しいです。

多くの小説家さんがデビュー後に最初に受ける洗礼は、意外とこの〝無〟かもしれません。

## 3　じわじわ読まれはじめたら？

デビューから約四年後の二〇〇三年末に出版した『GOSICK』がようやくヒットしました。シリーズ化され、ぎりぎり首がつながって、仕事が途切れずにすみました。

読者の方からの反響も聞こえてくるようになりました。中学生や高校生の読者さんから、主人公の少女探偵のイラストを添えた可愛《かわい》いお手紙をたくさんいただきました。それらをいまも大切に持っています。

この『GOSICK』シリーズがヒットした翌年の二〇〇四年に、『砂糖菓子の弾丸は撃ちぬけない』という単発作品も書きました。ライトノベルとしては珍しく、初速はよくなかったのに後からじわじわ売れ、一年後に重版がかかりました。

ライトノベルのレーベルから、大人向けの一般文芸にも近いような単発の青春小説を出す人がぽつぽつ増えてきた時期でもありました。読者さんにも、楽しんで読んでくれた後で、さまざまな分析をされる方々が出てきました。

自分が意識はせずに書いたことについて、ここがこの小説家の特色だ、と論じられていたりして、驚いたり、新鮮に感じたりしました。

たとえば、ライトノベルには社会を書いてはいけない、エンタメだから複雑な人間社会を入れずに読者を楽しませるべき、という考え方が、当時は作り手の側にあったと思うのですが、自分の場合はどうしても社会や歴史が作品に入ってしまい、悩んでいました。だから自分はだめなんだ、エンタメを書く能力に欠けているんだ、と。でも一部の読者さんが〝社会派ライトノベル〟だと面白がってくれ、そうなると、こういう書き手の居場所もあるかもしれないと思えました。

自分は地方出身なので、都会より田舎の情景を自然と書いていたのですが、それについても、ほかの小説家さんとセットで〝地方都市シリーズ〟と呼んでくれる方が現れました。

また、ライトノベルでは読者と同年代の主人公を書く必要があったので、最初は昔のことを思いだしながら書いていましたが、少女の描き方がよいと言ってくれる方も多くいました。

自分になにが向いているのか、だんだん見えてきました。

読まれることで自分が書いたことへの理解が追いつく、ということがあります。小説はじつは、書き終わったときがスタートであり、多くの方に読まれることによって輪郭が見えてくる。そうして長い時間をかけて完成に近づいていくが、読まれることに終わりはないので、完全に完成することもまたないのだ……。

そういうことに最初に気づいたのが、このころのことです。

## 4　文壇で評価される／されない

ライトノベルを書いていたころは、読者の方と作者の自分は一対一の関係だと感じていました。

自分も誰かの本の読者であるときは、読んでいる自分と作者の二人しかいない世界に耽溺《たんでき》するような気持ちで楽しんでいました。だから自分が作者側のときも、どこかで読んでくれている読者さんと二人きりの世界にいて、その世界が読者さんの数だけ無数にあるのだと感じていました。

小説家を続けるためには、売り上げの数字も必要ですが、一冊一冊の本に、読んでくれているたった一人の誰かがいて、その人の反応によって本が輪郭をあらわにしていくという作用そのものが、とても幸せでした。

でも大人向けの小説のほうにはもっと複雑なこともあると、その後で気づくことになります。

『砂糖菓子の弾丸は撃ちぬけない』を出してしばらくしたころ、ライトノベルがブームになりました。

大人向け小説を読む人に注目されはじめ、そちらの世界の編集者さんからラノベ作家がスカウトされはじめました。

わたしも大人向けのエンタメ小説を書きはじめました。その市場にも自分の小説を読んでくれる人がいるだろうと思えたからです。『砂糖菓子の弾丸は撃ちぬけない』を足がかりに依頼してくださる編集者さんも多かったので、この路線でもっと書いていいんだと思えて嬉しかったです。

大人向けの本の三冊目『赤朽葉家の伝説』が日本推理作家協会賞を受賞し、直木賞候補になりました。

五冊目の『私の男』で直木賞を受賞しました。

ライトノベルのときは、一生懸命、数字を追っていましたし、ライトノベルが好きな読者さんとの一対一の関係の中に生きていました。

でも、大人向け小説の世界にはべつの風景もありました。

大きなカテゴリとして、エンターテインメント小説と純文学に分かれています。同じ出版社さんからエンタメと純文学で別の雑誌が出ていることも多いです。エンタメのほうが直木賞、純文学のほうが芥川賞《あくたがわしょう》と考えるとわかりやすいです。

エンターテインメント小説の世界には書評家さんやライターさんがいて、有望な新人をみつけると、書評を書いたりSNSで紹介したりしてプッシュしてくれます。

純文学の世界では、文芸誌と呼ばれる純文学の専門雑誌に、新人賞受賞作が掲載されます。新聞や雑誌に新人月評という新人の作品を対象にした批評コーナーがあり、批評家の評価が載ります。その評価にも運命が左右されるようです。単行本化されるかどうかも、雑誌掲載後のさまざまな反響が関わるのだそうです。

ともかく、編集者さん、営業さん、書店員さん、書評家やライターさんなどが、有望そうな新人をみんなで育てようとしてくれるのがわかり、ありがたかったです。

売り上げの数字だけではなく、賞の候補になったり受賞したりすることも評価軸になる、ということも初めて知りました。

とても驚きました。同じ小説の世界ですが、ぜんぜんちがう業界だということに気づいたからです。

自分と読者さんが二人きりで本を書いたり読んだりしている、親密で近距離の、秘密の場所に、とつぜん広い空間が開き、文壇という新しい業界が蜃気楼《しんきろう》のようにバーンと立ち現れたようでした。

最初は、戸惑いました。

賞がほしくて書くのもちがうし。特定の書評家さんに向けて書くのも違うし、もちろんお相手もそんなことはしてほしくないのだろうし、でもつい考えてしまうし。

読者さんが楽しんで読んでくれることと、業界の内部で評価されることは、まったく異なることではないけれど、完全にイコールでもないようでした。

大人向け小説は、こういう流れの中で、人の反応や評価から輪郭がはっきりすることによっても、一冊の本として完成に近づいていくのだと学びました。

## 5　読者に理解される／されない

読者さんの幅も大きく変わりました。

ライトノベルが好きだから、好みの方向性の本だから、と読んでくれる人だけではなく、話題作だから読んでみたけど、合わなかった……とがっかりする人も出てきました し、そもそも年齢も好きな作品のジャンルも何もかもばらばらな、じつに多様な人たちになりました。

自分が誰に向かって書いているのか。誰が自分に何を言ってるのか。たくさんの異なることが同時に起こると、混乱します。


そもそも、読まれるというのは予想外の反応の連続です。

なぜなら、その人たちは自分とは異なる属性を持ち、異なる考えがあり、異なる人生を歩む、見知らぬ人たちだからです。

急にちょっとキモいかもしれないことを書きますが、デビューしてしばらくの間、わたしにはイマジナリー読者のような人がいました。こんな感じの人がこんなふうに読んでこう感動してくれるだろう……というイメージを持っていました。あ、いまもいるかもしれません。その人はわたしが望むとおりの読み方をして、感動したり褒めてくれたりしますが、予想外の指摘をして驚かせることはありません。……ってもう一人の自分なんだからそりゃそうだ。

でも実際は、すべての現実の読者さんが、作者にとっては予想外の動きをします。ライトノベルでももちろんそうですし、大人向けの本を書くようになると、さらにそうなりました。

もし一万冊売れたら一万人が、一〇万冊売れたら一〇万人が、意外な形で読んでくれます。

深く読みこんで、「えっ、すごい、作者自身も思いついていなかった」という創造力を感じさせる感想を送ってくれる方もいます。「あぁ、読書って書くことと同じぐらいクリエイティブな作業なんだな」と感動した経験もあります。

でもその人の隣には、べつの人もいます。話題作だから斜め読みしてみて、テレビのコメンテーターみたいに短くまとめたいのかな、というような人です。

その目の前を、批評するために小説を切り刻んで、自分が使いたいところだけ部分的に使うためにやってきた人が、急いで走り去っていきます。

その人の後ろから、作品のテーマと自分の人生が分かちがたく結びついているから、深く自己投影し、涙を流して胸をかきむしる人も顔を出します。その人は、この小説はわたし自身だ、わたしのことが書いてある、他の誰にも渡したくない、と作者に向かって訴えています。

そしてその人の横に、シンプルに誤読し、書いていなかったことを書いてあったと思って批判する人と、書いてあったことを読みとばして、書いていなかったと思いこんでしまった人が、隣りあって議論しています。

こういう、自分とは異なる人たちが、何千人、何万人といる状態になりました。一日も休むことなく三六五日続きました。

作者はどうなるでしょうか。

もちろん、押し流されていきます。

へたにもがくと溺れそうなので、顔を出し、水面に仰向けに浮かんで……。


小説を書かずにはおられないけれど、書いただけでは終われません。

まだ見ぬ誰かにどうしても読んでもらいたいです。

でも読まれることは、実際に起こると、ときに苦しいです。


小説を書くために作品の中で自己開示するけれど、読む人のほうは、心を開いてくれている人もいれば、冷笑的な人もいます。

本は誰でも読めるものだから、相手を選ぶことは、こちらからはできません。

でも作者がいやがっていることが知られると、それはプロとしての自覚が足りないせいだ、小説家は作品をどう読まれようが耐えなくてはいけない、と批判されることもあります。書いたからには何があっても傷ついてはならないと。

それは……おかしいと思う……。

でもだからといって、作者だから自分の考えだけが絶対だとは、自分がいやだと思う読み方を全部否定してもいいのだとは思えません。一度出版された本はもう読者一人ひとりのもので、自分の手を離れていることもよくわかります。

そのような混沌《こんとん》とした状態で、つぎの締切にもバタバタ追われ、心だけどこかに流されていきながら、仕事を続ける……。

それが小説家として働くという現実でした。

といいつつ、わたしだって誰かにとっての読者でもあります。誰かの本を読んでいるときは作者を押し流す川の流れの中にいます。感情移入したり、批判的な気持ちを抱いたり、自分なりに分析したりしながら楽しんでいます。

だから、こういった苦しさを少しでも減らしながら、幸せに読んだり読まれたりするためにはどうしたらいいのかな、ということを、この本を通じてみなさんと、つまり書いているわたしから見たら、きっと予想外の人間であるだろうあなたと、一緒に考えていきたいと思いながら、いまこの文章を書いています。

## よもやまばなし①

この本を書くための打ち合わせのとき、印象深いことがありました。

編集者さんとお話ししていて、「暴力が生じることは避けられない」という話題になり、だからそのときどう対処していけばよいかというお話だったと思います。

人と人、個人と共同体が対峙《たいじ》するとき、何らかの暴力が生じてしまうのは、現実として避けられないことだと理解できます。だから頷《うなず》きたかったのですが、なぜか顎が動かない……。そのときの感覚を言葉で説明すると、人としては頷きたいのに職業倫理に止められているというような、不思議な気持ちでした。

それで、そのときのことも考えながら、この文章を書こうとしています。

人は職場での立場によって引き受ける責任が異なります。これは職場に限らず、家庭などでもそうだと思います。

もし自分が編集者だったら、暴力が生じることが避けられないという前提で覚悟しておいて、なにか起こったときに対処する職業的責任があるだろうと思います。

でも小説家の場合、そういった社会人としての責任とは異なる倫理を元に、言葉を発しなくてはいけないときもあります。

わたしは、職業としての小説家である以上は、荒唐無稽でも、机上の空論でも、実現不可能な綺麗事《きれいごと》でも、幼さが残る理想論でも、このような主張をする義務を持つときがあると思っています。

「それでも暴力をなくさなければいけない」と。

これが小説家の仕事の一つではないでしょうか。

少なくともわたしはこれを言うために小説家を続けています。

わたしたち一人ひとりが、それぞれの役割を背負い、一緒に社会を支えています。

その社会には、人間には実現不可能かもしれない正しさについて叫びつづける人も必要です。それはごく少数でいいのかもしれません。ともかく存在していることに意義があると信じています。

小説家は作品に昇華する形で叫ぶことが多くあります。たとえば新人小説家の大田ステファニー歓人《かんと》さんのように、ガザ問題で直接的に声を上げる人もいます。地元でほぼ毎日スタンディングを続ける小説家さんもいます。そのことによって戦争や虐殺を実際に止められるのかと問われたら、すぐ止められるとは言えない。でもだからこそ必要な人だと思います。

同時に、人間の間違いは避けられないことだと理解して、社会を実際に動かしていく人も必要です。たとえば文壇では、編集者さんがその役割を負っているのではないでしょうか。理想を大声で叫ぶことが許される立場の、小説家の分まで。

一方で、小説家としてのわたしは前を向いて叫ぶことに集中していて、他の立場の人が背負うもののことまでは考えられないときも多い、と気づきました。

これは小説を書くことと読まれることから生じる傷のお話とも、もしかしたらつながるかもしれません。

理想を語り、避けられないだろう間違いを、避けられないのが現実だとじつはよくわかっていながら、それでも職業的役割として否定し、やはり避けられずにぶつかる。それが小説を書いて読まれるという仕事なら、傷が生じるのは必然でしょう。

# 第二章

# 読者との理想的な距離感

小説はさまざまな人たちから意外な形で読まれるというお話を、一章でさせていただきました。

ここからは読者さんを三つのカテゴリに分けて、一つひとつ説明していきたいと思います。

第一に、一般的な個人の読者さん。

第二に、批評家や書評家など、プロの読者さん。

第三に、ファンダムを形成する集団の読者さん。

それぞれとの、じつはかなり異なるお付き合いについて、自分の経験をもとにお話しします。


わたしは芸能人の方には、ファンですと言いやすいです。一方小説家に対しては、そんなに気軽にファンですと言っていないような気がします。

好きな小説家さんについても、愛読していますす、読んでいますとは言いますが、ファンですとまでは言わないなぁという、それぐらいの気持ちで好きな人が、わたしにはたくさんいます。

こういうときの自分のことを、ライトな読者というか、一般的な読者の一人という立ち位置だと感じています。

この章ではそういう、好きで読んではいるけれど激重《げきおも》な情動まではないかな、ぐらいの立ち位置のときの自分を読者として仮想し、その場合の「読まれ方」との付き合い方を書いていきます。

## 1　誤読されたら

自分がライトな読者のとき、一冊の小説を何度も読み返すことは、わたしの場合はほとんどないです。

だいたいは一回読んで、その印象で誰かにおすすめしたり、感想を話したりなどしています。

ときどきもう一回読み返すと、読み飛ばしていて「こんなシーンあったっけ」と驚いたり、あったはずのシーンがなくて「あれはわたしが想像したシーンなのか。どうしよう。なかった……」と驚いたりします。

読書に限らず、人の記憶ってこういうものなんだろうなと思います。

こういうことは、適当に読み飛ばしたから起きるとはかぎりません。物語に感情移入したがゆえに起きてしまうこともあるでしょう。

実例を挙げてみます。

ずいぶん前ですが、わたしはある日、直木賞を受賞した長編小説『私の男』についてのインタビューを受けていました。無事に終わり、机の上を片付けつつ雑談をしていたとき、インタビュアーさんが感情を込めて「お父さんが死ぬじゃないですか。あのシーンが印象深くて忘れられないです」と話してくれました。

わたしは驚いて、時が、ビッ……と止まりました。

というのは、お父さんが死ぬシーンは物語内にはないのです。

インタビュアーさんはちゃんと読まなかったのではなく、むしろよく読みこんでくれたために、小説にはないシーンを想像して感情移入してくださっているように見えました。

インタビュー原稿には直接関わらなさそうですが、でも誤読ではある……。訂正しようか、どうしようか……。

数秒のあいだ、迷い、どうしたかというと、何も言わないことにしました。

この誤読からインタビュアーさんだけの新しい物語が生まれているのだったら、作者本人だからと口を出すのは無粋かもしれないと感じたからです。


またこういうこともありました。

文芸誌『すばる』二〇二三年八月号の「トランスジェンダーの物語」特集に、短編小説「赤」を寄稿したときのことです。

この短編は、ちょうど二〇年前の二〇〇三年にライトノベルとして刊行した『赤×ピンク』の続編です。『赤×ピンク』には皐月《さつき》という一九歳の（当時の書き方で）性同一性障害の人物が出てきます。家族や友人はボーイッシュなファッションなどを好む女の子だと思って接しており、本人は自分が男性だということを周囲に隠して暮らしていました。

小説の中にこのようなシーンがあります。

「物心ついたときから、男だと思ってた。段々、おかしいなって思いだした。学校の制服とか、苦痛だった。スカートをはくのも、女子の列に並ぶのも。男の目で世界を見てたし、男の目で女を見てた。女として扱われるのが辛かった。思春期とかとくに。なにかが絶対にまちがってると思ってて、だけどどうしていいかわからなくて、ずっと……」

体がどんどん女性らしく変化していくことに、静かなパニックを感じていた。欲望の対象は女の人だけど、女が女を好きっていうのとは、どこかしらちがった。わたしはずっと、自分を、男のはずだと思っていた。この体がおかしいって。

でもそんなこと、誰になら話していいの？　大切に育ててくれてる親？　同性の親友のつもりでいる女友達？　気のおけない友達のつもりでいる男友達？　まさかいのちの電話とか？　……どれも絶対ちがうよ。

わたしは愛とか友情とかいっぱいの、無人島にいた。

ごまかして頑張り続けていた。


そして二〇年後に書いた短編「赤」で、わたしはこの人物の二〇年後の人生を描きました。

非当事者である自分が、あえてこの特集で執筆することの意義について悩み、「彼が生き延びて一人の中年男性になった生活を書くことに社会的な意義がある。当事者へのポジティブなメッセージになるのではないか」と考えて決めたことでした。

掲載後しばらくして、『赤×ピンク』のかつての読者の方から、ＳＮＳを通して抗議されました。

その方は昔読んだ記憶から、皐月はボーイッシュなファッションを好む女性だったと思いこんでいました。そして「トランスジェンダー差別に反対するイデオロギーのために、過去に書いたキャラクターの設定を書き換えてしまった。読者への裏切りではないか」と主張されていました。

わたしはこのときも悩みました。

ご本人に『赤×ピンク』の該当箇所を見せて、あなたの記憶違いですと伝えるべきだったかもしれません。いまも正解がわからずにいます。でも一般的な読者の方にどこまで厳しく正しさを問うべきかの判断がつかず、返信しないままになっています。

『私の男』のインタビュアーさんの場合は、深く感情移入したからこそ、なかったシーンを想像して堪能してくれたのでしょう。

『赤×ピンク』の読者さんの場合は、もしかすると、ご自身が持つイデオロギーが原因で、過去に読んだ作品の設定を、実際に書かれていたのとは違う形で記憶してしまったのかもしれません。

このどちらのパターンも、読者としてのわたしも日々やってしまっていそうなことです。

自分が一読者のとき、ちょっとまちがえて記憶してSNSに書いて、作者ご本人から叱責されたら、ショックだな、とても悲しいと思います。それもあって、大きな実害がなければなるべく否定しないという距離の取り方を選んできました。

このことについては、正直に言うと、ずっと迷っています。反論を予期していないだろう相手を驚かせて傷つけたくないから黙っているのですが、相手を抑圧しない言い方で対話することも可能だったのではないか、とも思います。

わたしの沈黙は本当によいものだったのでしょうか?

あなたはどう思いますか?

まともに相手にしない、という傲慢さが自分の中にあったかもしれません。これだけ長く続けている仕事なのに、ときに正解というものがみつからずにいます。

## 2　読まずに批判されたら

前の項目とも似た話なのですが。

『私の男』が映画化されたとき、こういうこともありました。

一般観客用の試写会で一足先に見た観客の方が、ＳＮＳで監督を批判したのです。地方都市の住民が行う寄合《よりあい》のシーンが原因でした。男性が座って酒を飲み、女性が料理や給仕をします。これが「男性である監督が女性差別的な人だから、こう撮ったのではないか」と批判されました。

これもじつは誤解だろうと、わたしは思っています。

というのは、原作小説にもこの寄合のシーンはあるのです。前時代的な価値観が信じられている閉鎖的な人間関係の中だからこそ、後ろ暗い事情を隠したい主人公が息を潜めて暮らすには最適だということを表しているシーンです。

そういった演出意図については、映画を見たらわかってもらえるだろうと思うのですが、試写会の直後のことで、限られた人しか見ていないしで、そうもいかず。見ていない人たちが批判のウェーブに乗る形で拡散させはじめました。

それを見て、どうしたものかと悩みました。

自分一人のことなら黙っていますが、でも映画だし……。これは監督があまりにも辛《つら》い立場ではないか、と思いました。一方、最初に批判した方も、わたしの小説の読者さんらしく、原作も大事に読んでくださっていました。拡散されるとは思っていなくて困っているようでした。だからこの方のことも傷つけたくありませんでした。

昔のことなので記憶が曖昧ですが、それで自分のアカウントから、とてもやんわりとした言い方で、本は読んでから、映画は見てから、自分の意見として批判してほしいかなと、もっと遠回しにですが書いたと思います。その言い方なら最初に批判した方を責めることにはならないだろうと。

それでも、大ごとになってしまってその方が気にしているだろうと思うと、胸が痛みました。

この件はいったい誰が悪かったかというと、最初に批判した方ではないです。映画の表現を読み違えたのかもしれないとは思いますが、それはあるあるというか、わたしも思いこみで間違えて、同じ映画を見た人から指摘されることがたまにあります。

でもその方の批判を読んで、自分は映画を見ていないのに、一緒に批判して拡散させてしまった人たちは、よくないと思います。

よくないけれど、でも、よくあることです。

こういう場面に遭遇するたびに、複雑な気持ちになります。

というのは、読んでいなかったり見ていなかったりするのに批判してしまう人たちの心には、正義感や倫理観が燃えているように見えるからです。正しいことがなされていない、是正されねばならぬ、というまっとうな怒りから、間違った内容の告発も拡散させてしまうのです。

このように、燃え広がって実害が出そうなときだけ、作者である自分の声として、ときにもよりますが、なるべくやんわりと否定することも、ごくたまにですが、してはきました。

## 3　ファンがアンチになったら

熱心なファンでいてくれた方が、ある日を境に、感情的でネガティブな言葉をぶつける人に変わる……。

こういうことも、ときどきあります。

ここまで急な変化は、現実の人間関係ではなかなか経験しないことです。もし誰かと不仲になってしまうとしても、もうちょっと予兆というものがあるといいますか。

わたしが経験したかぎりでは、ですが、SNS上でそういうことが起こり、この人はどうしてしまったんだろうとその方のアカウントを見に行くと、療養中、もしくは通院中と書かれていることが多いです。出版社宛のお手紙の場合にも、そのような内容が書かれていることがあります。

つまり、体調が悪いのに家族など周りの人に当たれず、わたしに甘えにきてしまっているのかもしれません。でもこれはわたしの想像であって、実際のご事情については、どの方の場合も永遠にわからないままです。

以前ある芸能人の方から、同じような経験が複数回ありますと教えていただいたことがあります。

ライブに熱心に通って、グッズも買って、長年支えてくれた大切なファンが、ある日とつぜんアンチになり、ＳＮＳでよくない言葉を書きはじめる。そのきっかけがなんだったのかは、舞台に立つ側の方にはわからないままになるそうです。

だから、どこの業界でもときどき起こることなのかもしれません。家族や友人などに当たれずにストレスを溜《た》めているなら、実際に会ってみたら我慢強くて優しい人だという可能性もあります。

また、元ファンとはかぎりませんが、作者の目に留まりたいのかという形で執拗《しつよう》にディスる人もいます。

みんな人間だから、いろんな状態になって、いろんなことを言います。直接知らない相手にはなにかと言いやすいのでしょう。

こういうことにわたしがどう対処してきたかというと、働きつづけるために、解決できないストレスの原因になるものは視界からそっと外しています。

ファンからアンチになったように見える方は、ご事情がありそうなのは察しつつですが、ごめんなさい……と思いながらもミュートしています。

## 4　ファンがストーカーになったら

　一方、ミュートして終わりにすることができないような危険な相手もいます。ライトノベル作家として売れはじめたころのことです。『GOSICK』の担当編集者さんから「しばらく身の回りに気をつけて」と連絡がありました。何事かと思ったら、インターネット上に、わたしに対して「拉致して好きな小説を書かせる」と繰り返す匿名の人物が現れたそうです。

　まぁ、そういう設定の有名な小説もありますし、その人はふざけてジョークを書いただけなのかもしれません。でも書かれた側は、念のために警戒して生活することになります。

　別のときは、わたしの住所と電話番号が漏れてしまい、すぐ近くのマンションを購入して引っ越したという方がいました。わたしは東京の新宿に住んでいたのですが、その人は「東京都庁に勤めているから出勤しやすくなった」とのことでした。もちろん、引っ越しも都庁勤めであることも、本当のことかどうかは確認できません。ただ自宅の固定電話に直接電話がかかってきて、「ご近所さんになりました。高級な和牛をいただいたので、引っ越し蕎麦《そば》がわりにおごります。今から家に来てください」と言われました。

このときは、わたしのほうは賃貸だったので、すぐ引っ越しました。

（余談なので書かなくてもいいのですが……。この件は怖かったので記憶の奥にしまって思いださないようにしていました。でも昨年、お笑いコンビの〝和牛〟が解散するというニュースを読んでいたら思いだし、フラッシュバックというほどではないものの、心臓がどきどきしました）


こういったことで危険を感じる場合は、編集者さんや知人などに相手の動きを確認してもらいつつ、自分はなるべく見ないようにします。生活が不安で押しつぶされないように可能なかぎり心がけています。

## 5　作品と作者は別なのか？

読者の方は、作品内で描かれている考え方と作者自身の考えを同一視して読むときがあります。

と書きはじめましたが、自分が読者のときも、そういえばそうでした。

この項目はちょっと整理したほうがよいお話だと思います。そこで三つに分けて説明をさせてください。

第一に「ストーリーとして必要な設定だから書いただけなのに、作者の価値観をそのまま書いたと誤解されてしまう」という場合があります。

たとえば小説の中に極悪殺人犯が出てきて「人を殺してもいい」と主張したら、作者も同じ考えだと思いこまれ、批判されてしまう、など。ちょっと極端な例かもしれませんが……。さきほど書いた映画版『私の男』の寄合シーンのお話などもこれに当たると思います。

実際は、小説にはたくさんの人が出てきて、それぞれ異なる信念をぶつけあいながらストーリーが進んだりします。だからすべての登場人物の考えが作者と同じというわけではありません。

この場合は「作品と作者は別です。小説として作者から切り離して読むべきです」と言われるでしょう。

自分が読者のときも、早合点しないように気をつけようと、いま書きながら思いました。


第二に、作者が自分の価値観を元に書いた、社会的な主張も混じる小説の場合です。

とくにわかりやすい例を心の中で探してみました。さいきんの作品だと韓国の『82年生まれ、キム・ジヨン』（チョ・ナムジュ）でしょうか。作者による社会への抗議の考えが現れたメッセージ性の高い小説です。

手塚治虫先生の漫画作品のことも思いだされます。どの作品にも、作者が歴史と人間をどう捉えているかが現れていますから、作品を楽しみながら、手塚先生の持つ価値観に触れることができます。

自分の作品についても考えてみます。

たとえば二〇二四年に刊行した『名探偵の有害性』がこれに当たると思います。名探偵は、事件関係者を集めて推理を披露し、そのうちの一人を犯人扱いしたりします。でも後から別の証拠が出て、推理が間違っていたとわかったのに、謝罪も、犯人扱いされた人へのフォローもなかった、ということもあります。絶対的な正しさより、事件は解決した、きっとこの人が悪人に違いない、という空気を作るほうを重要視してしまうときもあります。

名探偵という存在がはらむそういった危険性については、これまでもミステリーというジャンルの問題として議論されてきました。名探偵である主人公の個人的な問題として自己言及される小説も書かれてきました。わたしはこの名探偵の問題に、平成時代を生きた自分の人生の実感として、新自由主義の弊害、氷河期世代の問題、女性の雇用機会の不平等などの社会問題を絡めて描きました。

ということは……?

この小説は、作者のわたしの価値観によって描かれた部分が多い作品ということになります。だから小説への批判がもしあれば、それは作者本人の考えへの批判にもなりうるでしょう。

こういった場合は、作品＝作者として感想を言われることもありますし、作品と作者は別とはいえないと考えています。

第三に、作品を理解するときに作者のプロフィールが参考にされる場合です。

あなたが学校で読書感想文を書いたときのことを、思いだしてください。

ストーリーだけではなく、たとえば昔の小説なら、作者がどんな時代の人だったかについて書いてもよかったと思います。それに、どんな人生を送った人だったのか、人生のどんなタイミングでこの話を書いたのか、ストーリーに本人の経験がどう影響したのか……。そんなことを想像しながら書いたこともあるでしょう。

たとえばですが、ドラマやアニメにも出てくる怪物の原作小説『フランケンシュタイン』は、とくにこういう読まれ方をする作品のようです。

作者はメアリー・シェリーというイギリス人の若い女性です。フランケンシュタイン博士が怪物を作りだすシーンについて、「作者の出産への恐怖が描かれているのではないか」とか、「怪物とは一六歳だった作者を勘当した厳しいお父さんのことかもしれない」など、作者の人生を参考にしつつ、いろいろな読まれ方をされてきました。『批評理論入門』（廣野由美子《ひろのゆみこ》）にくわしく紹介されています。

つまり昔から、このような読み方はよくされています。

作者としてどう感じるかというと、うーん……。これをされると、正直いうと、見知らぬ方に境界線を越えて近づいてこられたような、皮膚がちりっとするような……恐怖というほどでもないけれど、あっ、この人、初対面で顔がすごく近い……みたいな気持ちになりはします。でも、それも読まれることの一つの側面なのだと考えて飲みこんでいます。

話が逸《そ》れるかもしれませんが。

さいきん興味深い説を聞きました。批評家の西村紗知《にしむらさち》さんと対談したとき、司会の佐々木敦《ささきあつし》さんがこんなお話をされていました。

私小説じゃなくても、文学全般において、小説の語り手や主人公と作家本人を素朴な意味で同一視する傾向が読者や出版社を含む送り手の側にも強くなっている気がするんです。それはやっぱり作者にファン＝購買者がつくので、どうしてもそういう部分が出てくる。さっき西村さんが言われたように、作家その人をカッコに括って作品だけを相手にすることは実はかなりむずかしい状況にあるような気もします。

（桜庭一樹《さくらばかずき》×西村紗知「「私」はどこからやってきたか？」『ことばと』vol.5、六五ページ）

さいきんの傾向として、作者がどんな人かも意識しながら小説を読む読者が増えている、というお話でした。

そう言われてみると、たしかにその傾向が年々強まっているし、小説家の側もそう想定して書くことが増えていることに気づきます。

たとえばさきほど紹介した『名探偵の有害性』も、主人公と作者の性別と年齢が重なることを、読者が意識しながら読むだろうと、わたし自身、ごく自然に覚悟して書いていました。

この傾向は今後はもっと強まるのかもしれません。作者のＳＮＳやインタビュー、読者と交流できるイベントなどによって、パーソナリティが昔より見えやすくなっているからです。

これについては、警鐘を鳴らす声もあり、作者の立場からその声に耳をすませてもいます。


現代のアーティストたちや文学者たちは、「作品」制作以上にステートメントの公表——作品の意味、作品が「言おうとすること」の自己解題、「作風」の自己説明——に、言い換えれば「自己ＰＲ」に力を入れているように見える。このような状況では、個々の作品は（どれほど多義的な解釈を喚起し称揚するように見えても）基本的にはステートメントに、さらにはその作家の諸属性に従属する一部品にすぎない。このとき「物」は意味に従属しているにすぎないのである。

（森脇透青「いま、なにも言わずにおくために」第一回「意味の考古学　前編」）

このくだりを読んだとき、たしかに作者たちにはそういう面があると思いました。（論考のここだけ切り取ってよいのか迷うところもあるので、ぜひ全体を読んでいただきたいのですが……）

一方、読者からの読まれ方のほうが変わっていくことについては、小説家自身が歓迎していてもしていなくても、拒むことはできないだろうと感じます。

だから、プロフィールをどこまで開示するかをデビューする時点で決めておく、その後も注意深く選択しつづける、作品についてどれぐらい話すか吟味することが、今後はより大切になっていくと予想しています。

## 6　社会問題を小説に書くこと

一つ前の項目で、わたしは『名探偵の有害性』を、自分の社会への考えをもとに書いたと説明しました。

これについては、日本では「小説に社会問題を直接的に書くのはあまりよくないことだ」という批判が一部であるようです。「小説の設定の中に溶かしこんで、うまく生かしたうえで、個人の人生を書くべきで、小説に作者の問題意識をそのまま書いてはいけない」ということだろうと理解しています。

わたしはこの考え方には、じつは少しだけ疑問も持っています。

というのは、それは日本国内のここ数十年のお話で、海外の小説や古典ではそうとは限らないように、小説家としてではなく読者として感じているからです。そのお話をさせてください。

（わたしは海外の本や古典を読むのも好きなので、オタトーク気味でしかも長くなります）

子供の頃から大好きな『レ・ミゼラブル』のお話から始めます。

小学校低学年のとき、挿絵付き児童書『ああ、無情』を読みました。大人になってから岩波文庫の分厚い全四巻も読破しました。

正直「岩波文庫版って四巻もあるの？　そんなに長い話だっけ？」と首を傾《かし》げたのですが、読みすすめるうち、この長さにはある政治的理由があることがわかってきました。

この作品は一九世紀のフランスを舞台に、文豪ヴィクトル・ユーゴーが書いた大河小説です。パンを一つ盗んだことから投獄されたジャン・バルジャンの更生の物語、孤児コゼットの成長の物語など、複数の人生が、フランスの激動の時代の中でドラマチックに描かれています。大河ドラマのようです。

そして物語の合間に、一〇〇ページ単位で、当時のフランスの政治情勢の説明も入っています。なるほど、ここは挿絵付き児童書では省かれていたのだな……。ユーゴー自身の政治的主張も書かれています。これが本当に長いです。そもそも外国の昔の歴史で難しいです。

当時のフランスは激動の時代でした。前世紀後半のフランス革命、ナポレオン皇帝の誕生と失脚、七月革命、ルイ＝フィリップ王政……。革命が繰り返され、王政と共和政の間を激しく行き来する恐怖の季節でした。作者のユーゴー自身、身の危険を感じてベルギーに亡命してこの小説を書きあげました。

ユーゴーは個人の物語と同時に、「正史（国家がまとめた歴史）とは異なる我々の時代の真実を書き残す」という使命感を持っていたのだと思います。さらに「悪政の犠牲になったのは貧しい人々（レ・ミゼラブル）だった」という義憤もあったでしょう。

膨大な長さの『レ・ミゼラブル』は、歴史の証言としても、翻弄された個人の人生が存在したことの証明としても、今なお読み継がれています。

文学にはときにこのような存在意義があるということを、わたしはこの作品から学びました。

（蛇足ですが、わたしはフランス革命については池田理代子さんの漫画『ベルサイユのばら』で、その後の歴史については『レ・ミゼラブル』で覚えたので、この時代のフランスのことにやたらとくわしい人になりました）

これは一九世紀の西欧の古典に限ったことではありません。

韓国文学の翻訳を手がける斎藤真理子さんが、韓国の現代の書き手についてこのようなお話をされていたことがあります。


「韓国文学は『正論』を盛る器である」という説明を私はよくしてきたんです。この言い方では韓国文学の多様性を取りこぼしてしまうので要注意ですが……。「正しいことを言うために文章がある」という考えは、韓国の書き手の中に確実にあると思う。韓国は歴史的に武よりも文のほうが、圧倒的に地位が上です。文をよくする人たちが科挙を受けて官僚になってきた歴史がありますから。極端にいえば今も、文を書く人は、正しさといったら強すぎるけど、「まともさ」とか「まっとうさ」を社会に示していくべきという考え方が根底にあるのではと思います。

（桜庭一樹×斎藤真理子×石津《いしづ》文子《あやこ》「「少女を埋める」誕生秘話」『週刊文春WOMAN』vol.12、三三ページ）

なるほど、とわたしは納得したのですが、それには二つの理由があります。

一つは近年の韓国のフェミニズム文学のことを考えたからです。

さきほども言及した、斎藤さんが翻訳された韓国の小説『82年生まれ、キム・ジヨン』は直接的に社会の問題を取りこんだ作品です。

二〇二四年にアジア人の女性として初めてノーベル文学賞を受賞したハン・ガンさんの『少年が来る』は光州事件を、『別れを告げない』は済州島四・三事件を直接的な題材にしています。『菜食主義者』には家父長制の持つ暴力性が描かれています。

ほかにも『ディディの傘』（ファン・ジョンウン）はセウォル号沈没事故やキャンドル革命を、『もう死んでいる十二人の女たちと』（パク・ソルメ）は光州事件や江南駅殺人事件を、「シンチャオ、シンチャオ」（チェ・ウニョン）はベトナム戦争における韓国の加害の歴史を題材にしています。

もちろんどれぐらいフィクションに落としこむかは作品によりますが、政治的な事件が小説の題材になることは多くあります。そのように社会にコミットする文学は〝参与文学〟と呼ばれます。

韓国では「作家は社会における声なき者たちの代弁者だ。代表だ」という考えがことに強いのだそうです。韓国には日本の植民地支配、政府の弾圧などの歴史がありますから、「誰かが声を残さないとかき消されてなかったことにされる」という危機感や使命感が、小説家の側に強くあるということです。

これについては小山内園子《おさないそのこ》さんの『〈弱さ〉から読み解く韓国現代文学』でもくわしく学べます。斎藤真理子さんの『韓国文学の中心にあるもの』と一緒におすすめしたい一冊です。

これは現代の韓国だけのことではなく、東アジアの長い歴史の中で培われた文学観ではないかと思います。

科挙などを経た文のエリートが正しさについて論じたり、国の意向に抗《あらが》って本当の庶民の歴史を書き残したりということは、そもそも中国で大昔からされてきたことだからです。

つぎに中国の漢詩の世界を、七世紀の唐時代ぐらいからざっと見てみましょう。当時の詩人の多くは科挙試験を受けた文のエリートや君主、貴族などでした。人間はいかに生きるべきかという論を詩として多く書き、甘い恋愛の詩に見せかけてじつは政府を痛烈に批判する詩なども残しています。

中でも杜甫《とほ》は、唐という国が滅び、どのようなことが起こったかを詩の形で証言して残した人でもあり、その詩は〝詩史〟と呼ばれています。

唐が滅び、宋《そう》の時代になっても、文人は「文を以て道を載せる（文章で道理や正論を述べる）」ものとされてきました（周濂渓《しゅうれんけい》『通書』）。

つまり文学が社会の問題に直接触れること、作者が政治的主張も述べることは、歴史をひもとけばとくに珍しいことではないのだよなぁ、と読者としてのわたしは考えています。

だからそこを指摘されたときは、小説にはいろいろなものがあります、というお話を（オタトーク気味に長く……）したいと思っています。

## 7　二次創作はありか？

小説は、発売の情報を見たときから楽しみだし、買うとわくわくするし、読んでいるときも楽しいし、読み終わってから主人公はこの後どうなったのかと想像したりするのも楽しいしで、ずっと楽しいものです。

わたしはお気に入りのモブキャラについて、テキストにある数少ないヒントを拾っては、「この人は事件の裏でこんなことをしていたのかも。こんな性格かも」と考えるのも好きです。

作者としても、自分の作品をそんなふうにも楽しんでくれる人がいるといいなと考えて、作品の中にあえて余白を残す書き方をしたりします。

作者が全部決めるのではなく、想像の余地も残して、読んだ方にオリジナルのサブストーリーを考えてもらえるのは嬉《うれ》しいことです。

そして読者のそんな想像から、新しい作品が生まれることもときどきあります。

たとえばシェイクスピアの『ハムレット』にワンシーンだけ登場する従者二人組を主人公にした『ローゼンクランツとギルデンスターンは死んだ』（トム・ストッパード）という作品があります。物語の外でいつのまにか殺され、「あの二人なら死んだよ」と言われるモブキャラを主人公にした作品で、つまり二次創作的な発想から作られています。

こういう作品がほかにもたくさんあります。

このように、読者の方が楽しく想像したり、小説家などの書き手の方が自分の作品として書いてみたりと、二次創作の世界にも物語づくりの醍醐味があります。

さらにべつのほうにも目を向けてみましょう。

ある小説が有名になり、ベストセラーになったり、メディアミックス化されたりすると、ファンが増えてつながりあい、ファンダムが形成されたりします。

そしてその中で「もっとこういう設定で読みたい」「このシーンの裏でこんなことも起こってほしい」といったファンの希望から、小説や漫画やイラストなどの形で二次創作がされ、同人誌の販売、SNS上での発表などを通してファンダム内で流通することもあります。

これについては、本当は著作権的には問題がなくはないです。

わたしは作者としてはそんなふうに楽しんでくれるのが嬉しいので、〝無言のご機嫌の黙認〟をするタイプです。

サイン会などのイベントで、ご自分が書いた同人誌をプレゼントしてくださる方もいます。作者としてコメントできないので、だいたい「あらっ！」と言ってから、無言のご機嫌の笑顔でニコニコして受けとっています。……正直、とても嬉しいです。

これは作者にもよりますし、流通形態や経済的規模によっても変わるだろうと思います。

わたしが知っている中でもっとも規模が大きくなった二次創作は、ヴァンパイア小説『トワイライト』（ステファニー・メイヤー）のSMをテーマにした二次創作がもとになった官能小説『フィフティ・シェイズ・オブ・グレイ』（E・L・ジェイムズ）です。こちらもベストセラーになり、映画化もされました。

『トワイライト』の作者の方はこれについて「よい小説」だとコメントされているので、

寛大な気持ちで見ているということかな、と想像しています。

個人の読者さんも、ファンダムの読者さんも、このように二次創作的な楽しみ方をすることがあります。

一方で、プロによる批評だけは、「作者があえて開けた余白でオリジナルのストーリーを作ることはしない」「批評はあくまでも論理で、二次創作ではない」という不文律があるように感じます。といってもわたしは門外漢なので断言はできません……。ただ一般的な読者さんとはだいぶちがうスタンスであるということはわかります。

そういうわけで、つぎの章では、批評家さんから読まれることについて、自分なりに考えていることをお話しさせてください。

## よもやまばなし②

二次創作について、少しおまけです。

これは読者の方だけではなく、小説家などの書き手も行います。さきほど『ローゼンクランツとギルデンスターンは死んだ』の例を出しましたが、他にもたくさんあり、これらは翻案とよばれています。

たとえば小説家の青木淳悟さんの近刊『憧れの世界――翻案小説を書く』は、ジブリアニメ『耳をすませば』の翻案小説と、その小説を書いている作者によるエッセイをまとめた一冊のようです。いま発売を楽しみに待っています。

また少女小説家の氷室冴子《ひむろさえこ》さんの場合は、小説の勉強のために『ジェイン・エア』や『ハムレット』を使用人の女性を語り手に変えて書き起こしました（『シンデレラ迷宮』あとがき）。これは勉強のためだけでなく、物語の中で声を潜めさせられている小さな存在に光を当てる意図もあったのでは、と一読者として分析しています。

『ジェイン・エア』に出てくる、屋根裏に閉じこめられているロチェスターの妻バーサの人生をモチーフにした『サルガッソーの広い海』（ジーン・リース）という作品もあります。これもまた、小説内で怪物のように書かれてしまったバーサの尊厳を救いとるという意図も作者にあったのではないでしょうか。

小説家が翻案を行うとき、対象作品に対する問題意識や異議申し立てをもとに書かれることもあります。

おそらくもっとも有名な例が〝方程式もの〟と呼ばれる作品群でしょう。SF小説「冷たい方程式」（トム・ゴドウィン）は七一年前に書かれた短編です。宇宙船の密航者は船外に放出して殺すという宇宙の掟《おきて》があり、ギリギリの燃料で飛んでいるから仕方のないことなのだという設定をもとに、兄に会いたくて密航した一八歳の少女を、大人の男性船員が死なせるお話です。

名作ではありますが、後世の小説家や評論家などから複数の倫理的問題が指摘されてもいます。自己責任論であること、システム（社会構造）のエラーを問題にしていないこと、死なされたのが十代の若者であること……。

それゆえに、長い間、たくさんの作家に翻案され、今では〝方程式もの〟というジャンル名があります。翻案を通して後続作家たちが、この作品の倫理的問題を解決しよう、少女を助けようともしてきました。

わたしがもっとも好きなのは、日本の漫画「修道士の方程式」（湯田伸子）です。この作品では密航者は一〇歳ぐらいの子供です。船長と船員が自分の片足を一本ずつ切り落として船外に捨てて子供を助けます。

自己責任として、個人を、しかも若者や子供を、命を奪うという取り返しのつかない方法で罰したりせず、複数の大人が少しずつ犠牲を払うことで問題を解決すべきだという、社会のあり方についてのメッセージをわたしは作者から感じました。

翻案は作者による二次創作であり、同時に批評でもあります。

多くの作者が翻案することにより、「冷たい方程式」という問題含みの傑作小説はいまも読まれています。

小説はときに、後続の作者からこのような読まれ方をすることがあります。

これもまた、元の作者にとっては、傷を受けるということなのかもしれませんが。

# 第三章

# 批評との共存の仕方

この章を始める前に。

そもそも批評家さん、書評家さんとは何者かと聞かれたら、あなたはどのように説明しますか？

わたしはというと、小説家になって大人向けの小説を書くようになるまでは、じつはよくわかっていませんでした。

エンターテインメント小説の場合は、本が出たときに書評家さんが雑誌や新聞で紹介してくれたりします。わたしが大人向けの本を出したころは、本の雑誌社の北上次郎さんがことに有名でした。編集者さんから「よかったですね。北上さんから褒められていましたね」と励まされたことをよく覚えています。

ある書評家さんから「自分が高く評価した新人については、作家人生に対して責任を感じている。新作が出ると、どんなに忙しくてもすぐ読んで話題にしている」と聞いたことがあります。自分もうまくいかず辛《つら》い時期があったので、他の新人さんのお話とはいえ、こういう方には頭が上がりません。

純文学の場合は、さきほども書きましたが、文芸誌（純文学の専門誌）や新聞に新人月評という批評ページがあります。
他にも、一冊の本について長い批評文を書いたり、三人ぐらいで集まって三作ぐらいを話題にした座談会を行ったりし、それらは文芸誌をはじめとする媒体に掲載されます。批評専門の同人誌もあります。

批評とは何かという本質的な説明は、門外漢であるわたしには難しいです。自分なりの言葉でいうと、小説を隅から隅まで精読したうえで、一つの解釈の道を論理的に証明する文章のことだと思っています。
批評家は自身の生き方や世界への眼差《まなざ》しをオープンにし、存在意義をかけて小説、つまり他者の声に耳を傾けます。そしてときには、どのような価値があるかについての意見も表明する。そのような仕事なのだと解釈しています。

おおまかにいうと、エンターテインメント小説は書評が、純文学は批評が多く、この二つはまったく同じものではないようです。ただ共通点もありますし、この章ではどちらのことも対象にしていきます。

それにしても、その昔ＳＮＳがなかった時代は、一般の読者さんとこういったプロの方の間にもっと大きな距離があったような気がします。

いまは読者さんもどんどん発信されますし、もしかしたら境界線が少し曖昧になってきているかもしれません。

批評の中には、新人の作品について厳しく深く読みこんで、教えるべきことを教える原稿もあり、そういうときには、書評家や批評家は小説家の教育者（メンター）になりうると感じます。

ただ、問題がなにもないというわけではない、ということもわかっています。これはどんな職場でもそうだろうと思います。

そこでこの章では、評する側の人たちと、小説家として同じ業界でどう働いていけばよいかを自分なりに考えさせてください。

## 1　冷笑されたら

まず新人月評についてです。

さいきんは聞かなくなりましたが、数年前までは、作品の評価とはいえない形で新人を傷つけるような言葉が書かれることも、ときにあったということです。

小説家の西崎憲さんがＳＮＳで、新人のころのご経験としてこのようなお話をされていました。

「新人小説月報」にはわたしも苦い経験があって、作中で音楽のＣＤの製作費用に一千万円を出してもらうエピソードがあるんだけど、たかだか一千万円で作中人物がこんなに喜ぶなんて作者の金銭感覚貧乏くさい、みたいなことを書かれて、しかも全体がものすごく冷笑的で、書かれてから十年くらい経つが読んだときの怒り、悲しさ、悔しさが執拗に浮かんでくる。書き手というか作り手というものはそういうものだ。半年くらいかけて書いたものを数行で冷笑されるという運命のどこに良い点があったのか。評者の名前も書きたいがやめておく。

そして百歩ゆずってその冷笑が必要だとしても、反論あるいはそう書いたことの意図を尋ねる機会はあるべきだったと思う。新人だからそう書かれても構わなかったのか、書き手の最初期の作品はその作者の独創性が最高に発揮されるものなのに、そうした独創性をつぶすようなことをするのはなぜなのか。「新人」はそういうふうにいじっていいものなのか。

こうやって書くと怒りがあらたに湧きあがるのだけど、こういう声が共有されることによって、いいシステムに変わっていけばいいなと思う。わたしの傷も、同様に深く傷を負って（原文ママ）かたたちの傷も癒されるといいなと思う。

率直にいって、生涯の10トラウマのひとつなのだ。

新人小説月評は評者が変わっても、神様みたいな立ち位置でやる人が多かったな。たぶん場の問題だろう。

あと、新人は業界全体で大事にしようよ。自分たちの未来じゃん。

（西崎憲Ｘ、二〇二一年二月六日）

西崎さんは有名な小説家さんなので、新人のころにこんなことがあったのかと、おどろきました。こういうことはもう起こってほしくないとわたしも思いました。

このような文章が発表されるときは、批評家と小説家の間に、対等ではない権力の勾配が存在するのだろうと感じたからです。

たとえば小説家の側が新人だったり、何らかのマイノリティ性を持っていたりして、批評家側の立場が強いときに起こりやすいことではないでしょうか。

もちろん、内容について論理的に理由を述べて批判するのは批評家の仕事です。でもこの例の場合はそうではないように読めます。批評家の側から「自分はこの小説を評価しないが、理由を論理的に説明することもしない」「冷笑的にイジることしかするつもりがない」という意思が伝わってきてしまいます。

……でも、いまこう書きながら、ふと、自分もそういう意地悪なことをしているときがあることに気づきました。

小説に限らず、何かの作品や、芸能人の仕事の話題が出たとき。否定的な立場は明かしつつ、どうしてそう思うかの説明はせず、何かの言葉尻を捉えて茶化したりして、作品やその人のことを誰かと一緒に笑いあう。理由はあいまいにしたまま、批判的な空気作りに協力する……そういうことを、これまでの人生で一回もしたことがないとは、正直、わたしは言えないです。だからこそ、自分はこの批評を書いた人の心理をこんなふうに想像できるのでしょう。

そう反省しつつなので、若干歯切れ悪くなるのですが、でも批評がこういうことをしてはいけないとも思います。

批評は論理だからです。何かを否定するときには論がなくてはいけないからです。欲をいえば、そこに惚《ほ》れぼれさせてほしいです。

こういうことは、エンターテインメント小説の世界の書評でも起こっていたように思います。新人や、何らかのマイノリティ性を持つ小説家の新作について、こういう抽象的な言葉でつい茶化してしまったり、「まぁね、こういう作品は僕はあまり好きじゃないんですよねぇ。すみませんね、ははは。じゃちょっとお昼寝してきます」という〝そんなジジイの独り言〟で終わらせてしまったり。あまりよくない意味でSNSっぽいといいますか……。

こういうことをされると、小説家は、とても、とても悔しいです。

本気で批判されたときの前向きなキラキラした悔しさとは異なります。相手が思考する手間をかけずサボっていることも、「まともに相手にしてやらないよ」と見下されていることも理解できるからです。

## 2 なぜ論理のない批評に傷つくのか

話が少し広がってしまうかもしれませんが、広く知っていただきたい、日本特有のコミュニケーション術についてここでお話させてください。

それは〝共話〟といいます（以下の記述は、早稲田大学News「話者同士でつくりあう「共話」型コミュニケーションのデザインに向けて」を参考にしています）。

日本の文化には特有の会話のパターンがあります。例文をつくってみたので読んでください。

（例）

1「今日は気温が低くてさー」
2「うん、うん」
1「部屋が寒くてさー」
2「わかる。ぼくも暖房つけたよ」
1「だよね？　私もつけた」

おわかりいただけただろうか……？（と、急に怪談風に）

この会話は、1が話すことを、2が「うん、うん」「わかる」と相槌で肯定していますよね。

そのおかげで1はどんどん話しやすくなっています。

そして会話の後半は2が引き継いでいます。肯定による共同作業で結論が作られているのです。

つまり、

「今日は気温が低くて、寒かったから、私たちは暖房をつけた」

という一つの文を、二人で作る。

これが共話です。

そういわれてみると、こういうパターンの会話を周りの人としていることが、あなたにもありませんか?

わたしはとくにポッドキャストやトークイベントなど、二人で会話する仕事のときに「うんうん」「ほう」「あぁ、わかる」などの相槌《あいづち》を打つ癖があります。この相槌をマイクが拾うと、相手の方の声が聞きとりづらくなると気づいて、相槌を打つときはマイクを顔から離すようになりました。

この相槌も、肯定のための共話の相槌だろうと思います。

それにそういうお仕事のときは、相手の話の内容を否定するのではなく、まず肯定の言葉を述べてから自分の意見を話します。そうやって、対話でありながら二人で一つの文を作っています。

お互いに共感し、相手の言葉を穏やかに肯定しあい、一本の鎖のように言葉や概念をつなげていく。

なるほどなぁ、わたしたちは自然と共話を使ってコミュニケーションしつつ生活しているのだな、と気づかされるお話でした。

改めて考えると、海外のドラマや映画では、共話をほとんど見かけないような気がします。ですよね？　みんな独立した個人としてもっと異なる意見をぶつけあっていませんか……？（↑という問いかけもわたしからの共話のようです）

こういう日本特有のコミュニケーションの輪に入るためには、わたしもあなたも、個人ではなく、根っこでゆるやかにつながった同じ生き物のようになる必要があるようです。
複数の人が協力しあって、一つの仮想人格をつくり、みんなで同じ独り言を言うかのような会話を作るのです。

共話には、味方と認めた人との間で行う仲間内の会話、という面もあるとわたしは思います。

つまり、よそ者を排除するときには、あえて共話を行わないという選択をしているなぁと。

たとえば相手が投げてきた言葉に、わざと否定的な返事を返して、会話を途切れさせたり。無表情に相手の顔をみつめるだけで返事をしなかったり。極端な例では、挨拶をされても無視したり。そんなふうにして、あえて共話にならないようにする。

相手からわざと〝共話の拒否〟をされているように感じたことも、わたしにはあります。

これは、あなたとは共話をするような間柄ではない、仲間ではないという意思表示なのかもしれません。

ですから、共話にはイジメや差別や虐待のために悪用される面もあるのではないかと感じます。

例を挙げます。

女性であるわたしが男性のAさんからこう言われた場合です。

A「女はみんなバカだよ。だから君もバカだと思う。君がきらい」

そこに男性のBさんが話に加わってきます。この人はわたしを助けようとして割って入ってくれた親切な方です。

B「たしかに女はみんなバカだよ。Aさんの気持ちはよくわかる。でもこの人だけは女の中でも別で、賢い人だよ」

やー、これ、この場……どうしよう……？（と頭を抱える）

Bさんには悪気がありません。わざわざ同じ男性であるAさんの不興を買う危険を冒してまで助け船を出してくれました。

そのためにBさんが使ったのも、共話です。

Bさんはまず A さんの発した女性差別の発言に共感してから、なるべく柔らかく説得しようとしています。

でもそのせいでBさんも女性差別をしてしまっています。差別言説を肯定して、自分も差別をしながら、目の前にいるわたしだけを助けてくれました。

もしわたしもBさんの話に乗ってしまったら、「女はみんなバカだけど、わたしだけは賢い」と、わたしも差別したことになります。

それはできないです。わたしは女性のままで、ただ女性として、尊厳ある扱いを受けるべきだからです。

さて、このときBさんは何と言っていたのでしょうか？

もしかすると「この人だけは仲間に入れても差し支えない。僕たちが共話を行える相手だよ」と言っていたのではないでしょうか？

つまり「私は仲間と認めた人にだけは差別をしない」と。

Bさんには悪気がありません。ただ善意からわたしを助けてくれました。それはよくわかりますが、だめです。差別です。

……とこのように、共話には敵と味方を分けて分断し、味方とだけ行うコミュニケーションという面もあると思います。

もう一つ、問題があります。

差別される側、ハラスメントを受ける側の人に、それを受けいれさせるために共話が悪用されることもあるのではないでしょうか。

たとえば立場の強い側が弱い側に対して、「親睦のためだから」と無理にお酒を飲ませようとしたり、「こういうことは平気なタイプの子なんだよね」と言いきかせながら同意なく体に触ったり、相手の尊厳を傷つけるような不快なジョークを言ってから、愛想笑いを求めたり。

共話の文化を逆手に取って、強い立場から共感のカツアゲをして、「あなたも嫌がっていなかったでしょう」ということにしてしまう。

こういうことも、あるあるですし、こうやって偉そうに書いているわたしも、立場が強い側にいるとき、無意識にやってしまったことがあるだろうと思います。

こういった場合、抵抗の手段としても、さきほど説明した、共話の拒否が使われるでしょう。

立場上、はっきりとは拒絶できない代わりに、曖昧な表情だけを浮かべて返事をしない、なるべく目を合わせないなど、共話に乗らないことで静かに抵抗します。これも自分の立場が弱いとき、わたしも使った経験があります。


さて。

わたしがどうして急に共話についての考えを話しはじめたかというと、新人月評や書評の説明に役立つかもしれないと考えたからです。

小説への批判を論理で展開せず、イジってしまう原稿は、共話の文化を使ったハラスメントではないかと感じます。一人で言っているようで一人ではない。誰かが共感して話の続きを担い、一緒に一つの文をつくっていくというコミュニケーションの前提ありきで行われているからです。

新人の作品を冷笑的に扱う批評の原稿を読んだ、別の批評家や読者に、一緒になってその作品をネタにしたり、極端にいえば、新人小説家の尊厳を弄ぶイジメのようなことを行なってもいい、と感じさせる空気を作っているのではないか、と。

独立したその人だけの論理的な言葉――批評の言葉ではないのかもしれないと。

こういうことは小説の世界だけではなく、家庭や学校、職場や友人づきあいなど、社会のいろいろな場所で起こっているのではないでしょうか。

なにかおかしいなと感じたとき……たとえばハラスメントを受けているのになぜか抵抗しづらい空気で、どうしたらいいかわからず、死にたくなったり、反論の言葉を封じられているようで辛かったり。そんなとき、よかったら、このお話のことを思いだしてください。

論理は盾になります。

絶望的に自分の立場が弱いとき、少なくとも、いま何が起こっているのかを論理で理解できれば、自分の心をある程度は守ることができるはずです。

とはいえ、こういった問題を感じさせる批評は、ここ数年でかなり減ったと聞いています。時代とともに価値観が変化してきたからだと。

たとえば批評家の伏見瞬さんはＳＮＳでこのような発言をされていました。

批評文を書いている人間だが、人格は批評してはいけないとマジで思う。赤の他人の人生を「キモい」と評して公にするの、それに対して何の責任も取らないの、本当に許される行為だと思ってるのか。

（伏見瞬X、二〇二三年一一月一五日）

わたしはこれを読んでとてもほっとしたのを覚えています。批評の世界からこんなふうに問題提起してくれる方がいるなら、これからの新人クリエイターはより安全に仕事ができるだろうと。

また批評家の水上文さんは、文芸誌の新人月評で、具体的な内容については忌憚《きたん》なく批評を行いつつも、理由を書いたうえで「次の作品に期待している」と最後に一言添えられることが多いようです。これは批評家もまた新人を育てているという自負があるからではないか、とわたしは感じています。

## 3　圧のあるベテラン小説家になったら

でも。

小説家のほうがベテランの場合はどうでしょうか?

批評家の側は必要な批判を忌憚なく行えるものでしょうか?　とくに新人や若手の批評家は安全に仕事ができているのでしょうか?

これは……。

なかなか難しい問題なのだろうと、正直、感じています。大御所の小説家を批判したらどうなるのか、という前例がよくわからないまま、気を遣って書いたほうがよいかもしれないという空気があるかもしれません。

わたし自身、だいぶベテランではあるので、間違いがあれば指摘しますが、相手が自分の尊厳をかけてきちんと批判する原稿を書いたときは、「とつぜん怒りださないようにしよう……」と心がけています。（これについては「おわりに」でも書きましたので、よかったら最後に読んでください）

韓国文学が日本に翻訳された本を読んでいると、巻末に驚くほど長い批評が載っていることがあります。小説と批評の関係は、お隣の国ではもっと機能しているのかなと感じます。わたしはその方面にはうとく、くわしい方のお話を伺って学びたいところです。

小説家の町屋良平さんがさまざまな媒体で始めた小説批評のプロジェクトも気になっています。小説家が批評するこのシリーズを読むと、小説の読後感みたいなものも生まれ、批評を読んでいるのか小説を読んでいるのかというあわいに身を置く不思議な高揚があります。

このように、小説家が批評に踏みだすことでも、見えない垣根が取り払われ、もしかすると少しタブーが減っていくかもしれない、とも感じています。

また、哲学者、批評家の福尾匠さんは「エッセイでないものは批評ではなく、批評でないものはエッセイでない」というひとつの信念を込めて、ご著書『ひとごと』の副題を〝――クリティカル・エッセイズ〟にされたそうです。論が通っているから安心して読めるエッセイのようにも、批評のようにも、私小説のようにも読めます。お二人の文章から境界線が消えていくような新しいここちよさを感じます。

ともかく、小説家と批評家のどちらもが、安全な状態で議論できる場が今後は増えていくのではないかと思っています。

さいきんはどちらの立場の方もＳＮＳで発言することができるのも、変化の理由の一つではないでしょうか。

話が少し逸《そ》れてしまっていたら申し訳ないですが、ここで文学賞の選考会についてもお話しさせてください。

少し前までは、選考委員の選考が絶対、という空気が多かったように思います。絶対的な権力があって、候補者からも読者からも反論されることはあまりないという前提で選考会をし、選評も書いていました。わたしも選考委員のときは、そういうつもりでいました。

近頃はそこも少し変わってきたように見えます。

候補者の方が選評に意見を言ったり、事実誤認があれば指摘したりすることが、昔より増えました。芥川《あくたがわ》賞《しょう》候補になって落選した方が、選評を読んで自分なりの感想をSNSで述べていたこともあり、興味深かったです。

SNSの登場によって、選考委員と候補者の関係がフラットに近づき、選考会や選評には、対話のツールという新しい面も生まれつつあるように見えます。

さらにいえば、候補作とともに、選考委員も評価や批評の対象となりつつあるということかもしれません。

これは小説と批評の関係性の変化とは完全にイコールではないですが、似ている面があるようにも思います。

時代とともに、さまざまな仕事の定義や関係性が変わっていくのを、だいぶベテランになってきたわたしは、驚いたり納得したりしながら見ています。

## 4 誤読されたら

二章でも、誤読についての説明をしました。

そのうえで、一般の読者の方には訂正したり意見を言ったりということはなるべくせずにきたけれど、じつはそのことに迷いもあるというお話をしました。

三章では、では批評で誤読されたらどうするべきかというお話もさせてください。

小説家も批評家も人間なので、ぜったい間違えないということはないでしょう。小説家も文法を間違えて書いたりして、ゲラで校閲者さんに指摘され、黙って赤面しつつ直していることがときどきあります。
批評家の場合も間違えることはあり、その場合は訂正されるようです。
こちらの文章がわかりやすく、参考になります。

> こういう作品内事実認定の間違いというのは、（……）批評では非常にまずいのですが、人間、忘れたりうっかりしたりすることはよくあるので、プロの批評家でも一〇〇本書けば一～二本くらいはおかしなことを書いてしまい、編集者や読者に指摘されて慌てて直すというようなことがあります（私もあります）。たまに起こることであれば素直に謝罪して訂正すれば良いのであまり気にすることはありませんが、しょっちゅう起こるとなると問題です。
>
> （北村紗衣《きたむらさえ》『批評の教室』、三〇ページ）

一〇〇本書いたうちの一～二本、という数にわたしはリアリティを感じましたが、どうでしょうか……？

話が横道にそれますが、北村紗衣さんの『批評の教室』はわかりやすくて勉強になる本です。二章でご紹介した廣野由美子《ひろのゆみこ》さんの『批評理論入門』、渡辺祐真《わたなべすけざね》さんの『物語のカギ』と共に、これから勉強する方におすすめします。

話を戻します。

プロの批評家の誤読には、主に三つのパターンがあると思っています。一つひとつ説明させてください。

第一はデータのミスです。

たとえば主人公の年齢や時系列を間違えて覚えたり、サブキャラの台詞《せりふ》を主人公の台詞だと勘違いしたことから、主人公の気持ちを取り違えて分析したり。

二章であげた例でいうと、短編「赤」の読者さんがこれに当たるでしょう。テキストに書いてあったことを間違えて記憶してしまう……。

たしかにあるあるなのですが、プロの原稿の場合は、小説のページをめくってもう一回確認すれば気づくことですし、校閲者さんもついています。間違えてしまう状況まではわかるものの、そのまま本や雑誌に載せてはいけないと思います。

こういうミスは、新人月評で起こった話をよく聞きます。（わたしがたまたま多く聞いただけかもしれません……）

新人月評は主に若手の批評家が受け持ち、毎月、何十本もの新人小説家の作品に目を通して書きます。物量としても大変なお仕事だそうです。それだけに間違いが起こりやすいのかもしれない、というお話を聞いたこともあります。

もしそうなら、若手批評家の負担も大変だろうと思います。新人小説家も、必死で書いてようやく掲載された新作で、どう評価されるかに小説家としての命がかかっているのだから、本当ならじっくり読んでもらいたい、と祈るような気持ちだろうと推測します。だからこれについては、どちらの方にもなるべく辛いことが起こらないようになってほしい、と思います。

第二に、自分が読んで想像したことを、小説内に書いてある事実と言ってしまう、というミスがあります。

テキストに書いてあることは、小説内の事実です。たとえば高校生の主人公が「ここ数週間は進路のことで思い悩んでいる」と地の文に書いてあれば、これは事実に当たります。

テキストの何カ所かを参照したうえで推測できる形の事実もあります。たとえば主人公が「ここ数週間はため息をついてばかりだ」という地の文と、進路希望のプリントを手に持って友達に見せて「どうしよう。決まらないんだよ」とぼやく台詞があれば、この二つのシーンから、主人公はここ数週間、進路のことで悩んでいるのだろうとわかります。

これが小説内の事実です。

小説を読むときには、こういう事実について読み、事実という点と点を結んで想像の線を引いて、自分なりに楽しんだり、独自の分析をしたりすることも多いです。

たとえば、主人公は進路に悩んでいるだけじゃなくて、大人になること自体に抵抗があって、まだしばらくは高校生のままでいたいのかも、と推測したり。地元が好きだからなるべく離れたくないのかも、とか。好きな人がいるのかなぁ、とか。

こういう想像をするときは、自分の価値観も入っていくし、自分自身の人生を投影するときもあります。だから人によってぜんぜんちがう想像をするのも、個性が出やすくて楽しいことです。

いわゆる〝解釈の自由〟といわれるものがこれです。

これについては、テキストと矛盾がなければ自由に想像してもらうべきなので、小説家としては意見は言わず、黙っています。たまに静かにびっくりしているときもあります……。そんな読まれ方は予想もしていなかった、なるほど、えーっ、とこっそりのけぞっていたりします。

ただ、この想像の線を事実の点と混同される、つまりテキストに直接書いてあったと思いこまれることも、ときどき起こります。

二章でも書きましたが、読者としてのわたしにもそういうことがあります。読み返して、「そんなシーンなかった。どうしよう、あったと勘違いしていた」とおどろいたりしています。

『私の男』のお父さんが死んだと思いこんでいた方もこれに当たるでしょう。死んだとは書いていないから、じつは自分のオリジナルの解釈なのだけれど、書いてあったと思っている、という例です。

だから一般的な読書では、あるあるです。でも批評の原稿に、テキストに書かれていないことが書かれてあったこととして載る場合は、よくないと思います。これも、小説のページを開いてもう一回確認すれば気づけるミスだからです。


第三は、テキストと矛盾している解釈です。

テキストに書いてはいないけれど、矛盾もしないし、その想像を否定するだけの材料もない、という場合は〝解釈の自由〟です。でもテキストの中にその想像を否定するシーンがある場合は、誤読です。

ちょうどよい例を思いだしました。

以前こういうことがありました。近所で外食していて、カウンターで隣りあった女性とアメリカの人気ドラマ「セックス・アンド・ザ・シティ」の話になりました。ニューヨークを舞台に、コラムニストの女性を主人公にした人気シリーズです。

放映時、主人公の一人暮らしの部屋が、何しろニューヨークですから家賃が高いはずなのによく払えるなぁ、という面も話題になりました。まぁ、ドラマの主人公の部屋が豪華で家賃が高そうに見えることは、東京を舞台にしたドラマでもあるし、それも演出のうちなのでしょう。

その方はご自身の解釈として、こうお話されました。

「ドラマに映っていない主人公の生活があると思います。彼女は美しい人だし、じつは高級コールガールとしても働いていて、その収入で家賃や服や靴のお金を払っているんです」

えっ、と驚きました。まず架空の人物とはいえ、主人公へのセクハラや名誉毀損にならないかと思いましたが……。

これは作品内の事実ではなく、その方の想像です。だからもしそれを否定するような作品内の事実がなければ、解釈の自由の範疇《はんちゅう》にはなります。

と考えたところで、わたしはドラマのあるシーンのことを思いだしました。主人公が恋人に連れられてホテルのロビーにいたとき、ニューヨーク出張中らしき日本人の中年男性からコールガールと間違えられ、笑顔で値段を聞かれ、激しくショックを受けるというシーンです。彼女はコールガールではないからあれほど驚いたのだ、と推測できます。

つまり、その方の想像を否定する事実が作品内にあります。こういう場合は解釈の自由には当たらず、誤読になるだろうと思います。

## 5　なぜ誤読に傷つくのか

第一の場合は新人月評に多いようだと書きました。

第二と第三の場合が起こりやすいのが、新聞の文芸時評です。

毎月、たとえばディストピアや介護離職など、社会でいま興味を持たれていることをテーマに選び、新作小説を数本紹介しながら、テーマについても語り、最後にオチもつけるという短い評論です。

推測ですが、与えられたテーマとちょうど合う内容の新作が、そんなに都合よく何本もあってくれるとは限らないですし、そのせいか、ディストピアが舞台ではないのにむりにディストピア小説として紹介されてしまったり、お母さんが手術するあいだ、親戚の人に任せてちょっと病院を離れただけなのに、ヤングケアラーのケア放棄の話だったことにされてしまったりなど、小説の内容とは異なるあらすじが紹介されることも、けっこうあります。

文芸時評を書く側も、短い原稿の中でテーマについてなんとかオチをつけなくてはいけないから、正直大変そうでもあります。何本もの小説の一部分を切り取り、違う意味だったことに変えてつなぎあわせた結果、頭はライオンで翼は鷹《たか》で胴体は虎のキメラみたいな原稿ができた、その材料にされてしまった、と小説家の側からは見えることもあります。

これは小説家にとって辛いことです。

誰かの都合で一部分だけ切りとられ、異なる意味を付与され、グロテスクな生き物の一部になった自分の腕とか足とかを、無力感とともに眺めるしかない。

わたしはこんなことをされるために書いたんじゃありません。


とはいえ、文芸時評的な論考には歴史に残るような良作も存在します。

それらにはいくつかの共通点があるのではないでしょうか。

第一に、書き手自身が問題意識を持っているテーマを自ら選ぶこと。

第二に、新作小説に限らず、幅広い作品から評すること。

第三に、極端な字数制限がなく、ある程度長く書けること。

とくに書き手が持つマイノリティ性が芯になっている場合は、特権的な立場から高見の見物をするのではなく、自分の人生の尊厳がかかった分析に切実さがあり、胸に迫ります。


有名なものでは斎藤美奈子さんの『妊娠小説』。

最新の注目作品は三宅《みやけ》香帆《かほ》さんの『娘が母を殺すには?』

ゲーム評ですが、近藤銀河《こんどうぎんが》さんの『フェミニスト、ゲームやってる』

などなど。

この分野にはおすすめの本がたくさんあります。

小説家のほうも、意識的にしろ無意識的にしろ、いまの社会の中で書いているから切実な問題意識が流れています。そこが批評家の心と共鳴します。

同時代を生きるほかの小説家の作品にも流れていますし、もっといえば、別の時代の別の国の小説家の作品にも流れていることがあります。それらはばらばらの点として孤独に存在していますが、同じ問題意識を持つ批評家による批評の線で結ばれ、ひとつの論考に転生することがあります。

それがこの分野の醍醐味《だいごみ》だと思います。

小説家としては、鋭くて切実な論考の中で自分の作品が取りあげられたときは、素直に嬉《うれ》しいです。

## 6　間違いを指摘しにくいと思ったら

話を誤読の件に戻します。

プロの批評に対して間違いを指摘するのには、かなり勇気がいります。

小説はずっと批評されてきましたが、批評を批評家が批評したり批判したりすることに、現在のところどれぐらいの自由度があるのかは、わたしからはよくわからないことです。

小説家の側から批評を批評したり、データの間違いの訂正を求めることは、ハードルが高いです。

とはいえ、さいきんは風通しがよくなっているようにも感じています。

少し前に、ある雑誌の新人月評コーナーについて、小説家側から編集部に「データが間違っているところがありました」と連絡があり、ＳＮＳの編集部のアカウントと批評家ご本人のアカウントによってすぐに訂正されたことがありました。指摘した方も、とても勇気が必要だっただろうし、迅速に対処した編集部と批評家も誠実だったと感じました。

間違いを認めて訂正したり、なぜ間違えてしまったのか自己検証することも、プロとしての仕事にふくまれるのではないでしょうか。自分もよりそうならなくてはいけないと感じます。（もしかしたら、いまこの本を書いていることにも、そういう面があるかもしれません）

それから、もう一つ気になっていることがあります。

訂正したり、謝罪したり、自己検証したり、そういうことがもっとやりやすい業界になってほしいと思います。間違いを認めた人を、間違っていると認定された人、つまりサンドバッグにしてもいい人だと判断して大勢で叩《たた》くようなことも、起こるべきではないと。

そういう怖い空気が蔓延《まんえん》していると、自分の間違いに気づいた方が訂正しづらくなってしまいます。

だから、もし誰かが自分の作品を誤読して、そのことを認めたせいで逆に炎上が続いてしまうような場合は、作者もその人を擁護して鎮火に協力するべきだろうとも思っています。

## 7　差別されたら

小説家が何らかのマイノリティ性を持っているとき。

仕事をする現場で、すべきではない苦労をすることもあります。

たとえば女性、若者、外国人ルーツ、性的少数者など……の場合。

ストレートに侮蔑的な扱いを受けることもありますし、そこまでではないけれど、自分の発言だけまともに取りあってもらえないと感じたり、他の人は苗字《みょうじ》にさん付けで呼ばれているのに、自分だけなぜかファーストネームの呼び捨てやちゃん付けで呼ばれたり、といったことも起こります。

自分のマイノリティ性に関わる小説を書いたら、相手はそのことについて知識や興味がないようにみえて、調べたり勉強したりもしてもらえず、不思議な説を書かれたように感じることもあります。

たとえば、当事者の小説家が書いたレズビアンが主人公の小説について、ある男性批評家が「レズビアン小説なのにエロスが足りない」と批判したことがありました。同性愛者であることとエロスの有無に関係性を持たせてもよいのでしょうか？　この批評を書くに至った価値観には道徳的な問題があったのではないかと推測しています。

こういったことは、批評する側にマジョリティ属性を多く持つ人が多いから起こってしまうことなのかな、と首を傾《かし》げてもいます。

わたしは女性の小説家なので、とくに気になることがあります。女性が女性を描く小説はたくさんあるのに、批評家は男性が圧倒的に多く、男性からの評価を必要とせざるをえなかったことです。

そこでまず、女性の小説家の立場について書かせてください。

ここで一つのデータをご覧ください。

表現の現場調査団によって、二〇二二年、表現の現場のジェンダーバランス調査が行われました。

その結果、文学の世界では純文学の公募新人賞の審査員の男女比率が男性六割、女性四割。男女比の大きなアンバランスは解消されていました。

でも同じ文壇でも、評論の公募新人賞は、審査員の約九五パーセントが男性、受賞者も約七六パーセントが男性。つまり批評の世界では男性の先生が審査して男性の新人を多く選んできたようです。

〝評価をするのは男の仕事〟なのでしょうか？

このような中で、女性の批評家が生き残るのは難しいことだったのではないかと想像します。だから彼女たちは、エッセイストなど別の文脈の仕事をするようになったのではないか、という説もあります。

## 8　なぜ差別に傷つくのか

現在でもまだこのような状況ですが、昔はもっと女性、とくに年齢が若い方、少女小説などのジャンル小説の書き手の心労が多かったようです。

たとえば一九七七年に二〇歳でデビューした氷室冴子《ひむろさえこ》さんは、このような経験をされました。

人にはさまざまな〈忘れられないひとこと〉というのがあると思うのだけれど、ここ数年でいえば、私にとってのそれは、「あなた、やっぱり処女なんでしょ」というものだった。

それは私が三十になるか、ならないかのころのことで、私にそう尋ねたのは四十をひとつふたつ越した男性だった。

彼はとある活字媒体の記者というのか編集者というのか、ともあれそういう人で、当時、その圧倒的な部数ゆえに無視できなくなっていた〝少女小説〟だの、〝少女小説家〟だのの記事を書くために、私にインタビューにきたのだった。

彼が聞くのは年収だとか部数だとか、やたらと数字のことばかりで、税務署か興信所みたいな人だなと思っていたのだけれど、その最後のほうで、彼はそう尋ねたのだった。もっと正確にいうなら、「やっぱり、ああいう小説は処女でなきゃ書けないんでしょ」という言葉づかいで。そのときの彼の口調は、すこしもイヤらしくはなく、どちらかというと好意的だったような気がする。

(『新版　いっぱしの女』ちくま文庫、六ページ)

どうでしょうか……?
読みながら思いだしたのですが、わたしもこのタイプの、男性が作者本人の性的な経験を笑顔で決めてしまうインタビューを、二〇〇〇年代の後半に複数回、受けたことがありました。(作品は読まずにきた方もいました)
また当時の少女漫画家を取り巻く状況についても、氷室さんがこのような証言を残されています。

それに大好きな漫画家のセンセ方が、不慣れな対談の場なんかにひっぱりだされて、評論家の男のセンセイにいろいろ質問されるのだけれど、そういうのを読んでいると、泣きそうになるのだった。

評論家のセンセイたちの質問はおおよそ、わたしからみると、ずいぶん失礼な物言いがおおくって、的はずれで、作品をきちんと発表順に読むという、毎月の雑誌をおこづかいで買うフツーの読者なら、あたりまえにやっていることさえやらずに、自分に通用するコトバだけを使い、それに面食らっている二十代の若い女性作家の困惑を、高見の見物的に見下ろしている感じがあった。

的はずれの質問は、それだけで、何人かのセンセたちを傷つけているとファンのわたしは思ったし、不作法な質問をするくらいなら、少女漫画なんてわからん、くだらんで無視してくれたほうが、まだしもよいと思ったりした。

そのとき、いみじくも悟ったのは、的はずれな評論は、作者だけではなく読者をも傷つける、ということだった。

わたしは確かに、少女漫画を材料にした〝少女論〟や〝社会学的分析〟なんてものに、ずいぶん傷ついたような気がする。

それは、自分が好きなものをすんなりと受けとめない厳然とした価値観があると知ることであり、その価値観にしがみつく人々が、自分たちのコトバでわかるまで噛みくだき、彼の唾液をまじらせ、調味料をふりかけ、飲み下し、あげくに、「まずい。うまい」と勝手にきめつけてしまうずうずうしさや、好きな作品を――コトバは悪いけれど強姦されてしまう無残さを、まのあたりにすることだった。

そういったことは、おおげさにいえば、その後の人生を決定するようなところがある。


（同一六七ページ）

この文章は長いので割愛しますが、ラストにかけて、評論は必要だ、ひとつの作品をとおして、同じ美意識やちがう価値観とぶつかる興奮をあじわいたいと思う。わたしはたしかに、読んだ小説の数だけ評論もよみたいのだ。それも、とびっきりおもしろいのを。

（同一七一ページ）

と続きます。

氷室さんは「好きな作品や作者について批評しないでください」ではなく、「まともに相手をしてください」「若いから、女だからと侮蔑的に扱わないでください」とおっしゃっているのだと思います。

話が逸れますが、これも面白い本なのでぜひ読んでください。嵯峨《さが》景子《けいこ》さんによる評伝『氷室冴子とその時代』も、こういった女性のジャンル小説家の歴史が見える名著なので、どちらもぜひに。

ともかくこのように、表現の世界で生きる女性は、批評家を目指したとしても道が険しいし、小説家になっても男性の批評家やインタビュアーから屈辱的な扱いを受ける危険性があるしで、苦しい状況が続いてきたのだと思います。

女性がながらくこんな扱いを受けてきたということは、性的少数者も、外国人も、何らかの障害のある人も、多数派の批評家から不当な扱いを受けてきた長い歴史があるのではないかと推測します。

わたしが女性の大変さについてはこんなふうに敏感なのに、ほかのマイノリティ性を持つ小説家の苦労についてはくわしくないのも、自分がマジョリティ側であるときは鈍感なままでいられるからでしょう。

小説家の市川沙央さんが『ハンチバック』で二〇二三年に芥川賞を受賞されたとき、授賞式のスピーチでこうおっしゃっていました。わたしの記憶で書くので、不正確だったら申し訳ないですが……。作品があまり電子書籍化されていない小説家さんに、読書のバリアフリー化の必要性についてお願いする手紙を送ったことがある、という内容でした。

手紙が小説家さんの手に無事渡ったのかもわからないことですが（手紙は編集者さん

が確認したうえで、小説家に転送するかどうか判断するからです)、ともかくわたしは、もしその小説家が自分だったとして、そのとき手紙を読んで問題を理解できただろうかと考えました。

自分の辛さには敏感ですが、人のことには鈍感で、真剣に受けとめることができなかったかもしれません。自分もまたそういう人間の一人だと知っています。

市川さんのスピーチから、そのように自分の内実を振り返った夜でした。

## 9 批評が嫌いになりそうになったら

女性についてのお話に戻ります。

状況は少しずつですが打開されつつあると感じています。

わたしは去年、嬉しくて、興奮して、大きな発見もできる批評をみつけました。そのお話もさせてください。

一九六〇年に二五歳でデビューした小説家の倉橋由美子さんについての批評です。

倉橋さんはデビュー翌年に書いた初の長編小説『暗い旅』を、男性の批評家や翻訳家たちに激しく批判されたことでも知られています。「暗い旅論争」と呼ばれ、文壇の負の歴史として残っています。

内容を読むと、正直よくわからない理屈が、若い女性である作者本人をおいてきぼりに男性の間で飛び交っていて、それこそファーストネームにちゃん付けで呼ばれていたりしていて、何の話なのかわかりません。現代の感覚でいう、いわゆる炎上状態に近いのかもしれない。関係ない話にずれながらどんどん燃え広がる。話題に入ってくる人が差別意識まるだしで侮蔑する。いったいなんだ、これは……？

二〇二三年に出版された小平麻衣子さんの『なぞること、切り裂くこと――虚構のジェンダー』を読んで、ようやく理解できました。くわしくは同書か『掌の読書会――桜庭一樹と読む倉橋由美子』（中公文庫）所収の小平さんの解説「あなたはだんだん倉橋が読みたくなる――『暗い旅』のまやかし」をぜひ読んでください。

著名な批評家が、『暗い旅』はある海外文学と手法が似ているが、その作品のよさが『暗い旅』にはない、だめな模倣だ、と批判したことがはじまりなのですが、批評家や翻訳家などの男性間で、作者を未熟な女の子のように揶揄《からか》う軽口も続いて、いま読むと阿鼻叫喚《あびきょうかん》で、どんどんわけがわからない論争になっていきます。それが小平さんの批評によって、手法がうまく使われていないと男性の批評家に最初に批判された部分こそが、じつは作品の主題である女性性の表現であること、その批評家はそこに理解が及ばなかった、作品の意味を汲《く》むことができていなかったということが、論理で証明されています。

作品の発表と謎の論争のはじまりから六二年もの時を経た二〇二三年、当時二六歳だった作者も二九歳だった批評家もこの世にいない今、作品の理解、作者の名誉《めいよ》挽回《ばんかい》が女性の批評家の手によって行われた、鮮やかで感動的な最高の批評でした。(いま書きながら涙ぐんでしまった)(これが未来だ)(小平さん……You are my Hero!)

このわたしの熱弁で興味を持たれた方は、ぜひ『なぞること、切り裂くこと——虚構のジェンダー』を読んでください。平塚らいてう、林芙美子《はやしふみこ》など、女性の文筆家の苦難の歴史が解体されて評価の再構築もなされている名著です。

小説界だけでなく、たとえば映画界でも新しい動きがあります。映画批評家の児玉美《こだまみ》月《づき》さんはご著書でこう書かれています。

本書が意図するところは、映画において監督のみを特権化することではなく、映画の総体を監督のみに帰すことでもなく、監督業に就く女性の仕事を通して、女性たちを不当に扱ってきた構造と機序を見通す戦略的選択にこそある。

（北村匡平《きたむらきょうへい》・児玉美月『彼女たちのまなざし』、八ページ）

女性の映画作家が手がけた作品を、果たしてこれまでの映画言説は正当に評してこられたのかを問い直したい。そして何より、既存の家父長制的な語りとまなざしからの解放を目指す。

（同一三ページ）

さまざまな業界で同時代的な新しい動きがあり、時代が更新されていくところなのだと感じています。

## 10　小説家が差別するとき

ここまで、批評家がマジョリティである場合のことを主に書いてきました。

でも小説家の側がマジョリティであるときにも、問題は起こります。

マイノリティについて不勉強なまま、自分はセンセイだからなんでもわかっているように勘違いして、偉そうに話したり書いたりしてしまうことがあります。わたしも過去にそういうことをしたのに、自分には無関係なことで、傷を受けないから、都合よく忘れてしまっているだけだと思います。

でも、いったいどうしてそんなことをしてしまったのでしょうか？

第一に、自分は非当事者だからこそ、問題をフラットに見ることができると思いこんでいたのかもしれません。

第二に、当事者は自分のことを客観的に見ることができないと思っていたのかもしれません。

そのせいで、よく調べずに想像だけで書いて、結果的に世の中の偏見を助長してしまったり。しかもその責任は取らなかったり。批判の声にも耳を傾けなかったり。小説家が持つ特権には、差別する自由や、無知なままでいる自由まで含まれているかのように勘違いして、きわめて露悪的に振る舞ったり……そんなさらなるダークサイドに落ちることもあると思います。

こういった場合は、問題点を理解している批評家から論理的に批判されることでしょう。

小説家どうしも、本当はもっと意見したりされたりすべきかもしれません。でも現状はなかなか言いづらいというのが、お互いの本音だろうとも思っています。

非当事者の作者の問題点については、溝口彰子《みぞぐちあきこ》さんの『BL研究者によるジェンダー批評入門』がおすすめの本です。作り手としてとても勉強になりました。

さまざまな立場で、異なる知識を持つ、多様な新しい批評家たちの登場が必要だと感じますし、小説家のほうも、知らないことを知る努力をもっともっとしなくてはいけないと痛感しています。

## よもやまばなし③

批評について考えるとき。わたしには未来の夢が一つあります。そのお話もさせてください。

ライフタイムラバー（生涯の推し）である歌手の王添翼《オウテンヨク》さんがカバーした「緑島小夜曲」というラブソングを、さいきんよく聴きます。

一九五四年に台湾で作られた歌。主人公がある女性に恋をして、お嬢さん、どうして返事をしてくれないの、と優しく語りかける歌詞です。

緑島には政治犯を収容する刑務所があることや、歌が作られた年代（白色テロの思想犯が入獄していた時期）や、歌詞の端々から、じつは政治的な意味がある、政府を批判する歌だと一部で捉えられ、作者は誰かと政府が追跡した時代もありました。四八年後の二〇〇二年、作者が現れ、政治的意図はなく恋の歌として作ったものだったと証言しました。

これについては、調べるほどに、どちらの説が正解だと断言することができないように感じます。もし本当に政府を批判した歌だとしても、そう言えないのかも、と思うからです。

このように、恋の歌や女性の美しさを讃《たた》える歌でありつつ、じつは政治的な意味もあるかもしれない歌が、中国語圏にはときどきあります。歌詞や作られた背景を調べながら聴くと勉強になります。

そこで思いだされるのが、漢詩のことです。

中国では古来、政治情勢が不安定な時代になると、恋の歌のふりをしてじつは政府批判をする詩が作られてきました。遊女のところにいたいのに仕事で帰らなきゃいけないとぼやく詩に、無能な政府のために働きたくないという意味が込められていたり。夏の夜明けに咲く朝顔の花に、織姫と彦星《ひこぼし》の恋物語を絡めて歌いながら、政治の夜明けも近いというメッセージを発していたり。

エンターテインメント性と政治的メッセージを二重にするという手法は、中国語圏では昔からとられてきたようです。そこには、読者の知性と社会への眼差しを信じ、他者に言葉を託すという、作者と読者の信頼関係があります。

さいきさん、翻訳家の斎藤真理子さんと作家の黒川創さんのトークイベントで聞いたお話があります。

一九三七年以降、朝鮮の作家は、日本によって朝鮮語での執筆を禁じられました。作家には二つの選択肢が残されました。日本語で書くか、筆を折るか。

この時期、何人かの朝鮮の作家によって日本語で書かれた小説の中には、叙情的でおどろくほど日本的な作品もあるそうです。でも朝鮮が日本統治から解放された後は、日本でも朝鮮でも読まれず、評価もされないと。

おそらく、この時期に日本語で書くことを選んだ朝鮮の作家は、戦後は不遇の状態になったのではないかとも、わたしは想像しました。

トークイベントからしばらく経《た》って、わたしは考えました。その作家の中には、もしかしたら伝統的な手法として、叙情的で日本的な小説と見せかけながら、果敢に政治批判を塗りこめた作家もいたのではないかと。でもその作品を読んだのは主に日本の読者で、そんな手法には慣れておらず、意図に気づかない。そして戦後は同胞から裏切り者とされ、不遇のまま生きたかもしれないと。

すべてわたしの想像です。つい点と点をつなげて線にして想像のストーリーを作ってしまうのは、職業的な癖なのでしょう。

もし本当にそんな作家がいたらと思うと、胸が苦しくなります。

その人が生きていたとしたら、一〇〇歳を超える年齢です。おそらくもう亡くなっています。

誤解されたまま、読解されないまま、人としても作家としても死ぬしかない。これも小説を書いて読まれることの傷なのでしょうか。

そんな作家がかつていたなら、誰かに無念を晴らしてほしいです。批評家によって絶対に読解されてほしいです。

その批評家は作家の同胞かもしれないし、言葉を奪った国である日本の子孫かもしれません。その人が誰で、今どこで何をしているか、もう生まれているかどうかもわかりません。これはわたしが夢みる未来の批評の一つです。

# 第四章

# ファンダムと生きてゆく

ファンダムというと、まずＢＴＳなどＫ－ＰＯＰのアーティストさんのファンをわたしは連想します。つづいて日本のアイドルグループのファンも思いだします。グループによって独自のファンダムの名称もあったりと、文化としてすっかり定着したようです。ＳＮＳによって、ファンがお互いをみつけやすくなったり、ファンの生の声がアーティストさんご本人にも伝わりやすくなったりと、応援の仕方も変化しています。

これは芸能界だけのお話ではありません。小説の世界にもファンダムが存在する場合があります。

一般的には、小説家のファンは、一人ひとりが作品を読んでいろんなことを感じてくれることが多く、ファンが大勢でつながることはあまりないです。そんな小説の世界にもファンダムが生まれるのは、どんな場合でしょうか。

それは、

・エンタメ度の高い小説が、人気を得て長期シリーズ化する
・キャラクターや世界観がファンを獲得する

・メディアミックス化される

ときだろうと思います。

小説家には、個別のファンに愛される人、ファンダムの中心にいる人、作品の文学性を評価される人など、作風によってさまざまな立ち位置があります。

わたしの場合はというと、ライトノベルとして書いた『GOSICK』だけは、ファンダム的な文化の中で応援していただいたと思っています。

人気を得てシリーズ化されたこと。主人公の少女探偵ヴィクトリカと欧州の架空の国ソヴュールという世界観を楽しんでもらえたこと。アニメや漫画などメディアミックス化されたこと。この三つが原因だろうと自分で分析しています。

この作品を書きはじめたころ、編集者さんから教えてもらったことがあります。

第一に、ファンとはキャラクターのファンだということ。この作品の場合、ヴィクトリカのファンという意味です。

第二に、キャラクターの次に世界観のファンだということ。この作品の場合、欧州のゴシック的な舞台のことです。

つまり作者のファンとはかぎりませんし、それどころか作者の名前はうろ覚えというときも多くあります。

たしかに当時の表紙を見ると、主人公のイラストが大きく描かれていて、タイトルも目立つデザインです。作者名の文字は小さいです。作者の名前は知らない読者さんや、イラストレーターさんのお名前と混同する読者さんも、当時はけっこういました。

漫画でたとえるとわかりやすいかもしれません。大ヒットしていて、読んでいて、大好きなんだけど、漫画家さんの名前はパッと出てこないということが、じつはわたしにもときどきあります。

逆に、作者が目立つタイプのファンダムもあります。わたしが思い浮かべるのは、漫画『テニスの王子様』の原作者の許斐剛《このみたけし》さん、『舞台　刀剣乱舞』の演出家の末満健一《すえみつけんいち》さんなどです。カリスマ性があって、ファンダムの真ん中にキャラクターと同じぐらいの存在感で立っている方も中にはいます。

ファンダムは公式（作品）からの情報を受けとるだけではなく、感想を積極的にシェアしたり、宣伝に協力したり、意見を述べたりもします。ファンダムと公式の間には多様な相互作用があるようです。

この章では、小説家がそのようなファンダム文化と一緒にどう仕事するかを、わたしにわかる範囲でお話しししたいと思います。

## 1　作者＝神になったら

この原稿を書きながら、改めて気づいたことがあります。

わたしは個別に読まれる単発作品の作者であるときと、ファンダムがあるシリーズ作品の作者であるときを、無意識のうちに別の仕事として切り分けてきたようです。いままで自覚していませんでしたが。

まず、個別に読まれる小説の作者であるときのことを説明させてください。

わたしは小説が完成して手を離れた後は、作者の特権はないと思っています。だから小説の中に書かれていないことを、小説の外の世界で後出しジャンケンのように言わないよう、普段から気をつけています。

小説の前では読者も作者も平等なので、誰かが考えた論理的に可能な解釈を、作者だからといって否定してはいけないと思います。

インタビューなどで質問に答えるときも、書くときのヒントについての裏話はしますが、解釈の幅を外から決めてしまうことは言わないようにしています。

そういえばですが、だいぶ前にこういうこともありました。

ある大学生の方から、わたしの小説について論文を書いたので、ゼミの先生に提出する前に読んでほしいとご連絡をいただきました。これはよく考えたうえ、お断りしました。もしデータ的に間違っている誤読なら、先生がご指摘されるだろうし、その方の独自の解釈が解釈として成立している場合も、先生のご判断でよしとされるだろうからです。その学生さんが提示する一つの解釈について、〝作者＝神のお墨付き〟とすべきではないと考えました。

読者の方と直接お会いしたときに、一つの解釈を提示されることも、ときどきあります。わたしはその解釈が小説内で可能な場合は、「なるほど。そういう読解も可能ですね」とお答えします。作者自身が肯定するか否か、ということで、さらに質問されることもありますが、「可能」以上のことを口にしないように気をつけています。

ある特定の解釈が、作者から公式に認められたものになってしまうと、その解釈とは矛盾する別の解釈を否定することになりかねません。それを避けるために言葉を選んでいます。

これが、個別に読まれる作品の作者であるときに気をつけていることです。

つぎにファンダムがあるシリーズ作品の作者としてのお話をします。こちらの場合は事情が変わってきます。

こういう作品がアニメ化や漫画化などメディアミックス展開をされる場合、原作者への問い合わせが非常に多くあります。

原作に書いていない部分は、アニメの監督や漫画家さんが自由に想像していい、ということではなく、原作者の心の中にあるイメージまで原作の範疇《はんちゅう》になり、なるべく忠実に再現すべきだと考えていただいているようです。（自分の経験を参考にして書いているので、現場によって違うかもしれません）

個別に読まれるときは、作者の特権はないつもりでいますが、ファンダムがある作品のときは、作者＝神という認識を受けいれて仕事しています。

小説に書いたことだけではなく、作者の心の中のイメージまでが原作で、もっといえば、作者がＮｏといったらＮｏという世界だと受けとっています。これについては、作品を楽しんでもらうための役割として引き受けてきました。……と、この原稿を書きながら改めて気づきました。

## 2　作品ごと軽蔑されたら

一方、役割として受けいれるべきではないこともあります。

ファンダムができるタイプの作品は、エンターテインメント性が高い場合が多く、その場合、ファンが作品を卑下するような空気が生じてしまうときもあります。

第一に、ファン自身がオタク系のコンテンツを恥ずかしいものだ、文化芸術ではないと自己卑下している場合。ファン自身が世の中の下にいるつもりでいて、神である原作者や出演者も同じ場所に引きずり下ろしたいと願っているかのような言葉をぶつけてしまったりします。

第二は、たとえばミソジニーなど、原作者や出演者の持つマイノリティ性に対する差別意識を持ち、上から押さえつけるようなことを言ってしまう場合です。作品を高く評価していたのに、作者が男性っぽいペンネームの女性だと知ったとたん、女性だからこんなふうに書くのだと批判しはじめたり……。

どちらも、言われる側の立場からすると辛《つら》いです。

多くの声は作品を楽しんでくれている人からのポジティブなものですが、一人でもそういう人がいると、心が折れそうになり、自分はこんなに弱かったのかと驚いたりします。

一人のそういった声に対して、一〇〇人の応援の声があって、ようやく元気を出して書きつづけようと思える、という状態でした。

これはファンダムができるような作品に特有の経験です。

大人向けの小説を書きはじめたら、そういう声は減り、たとえ批判するとしても、具体的な理由のある論になってきました。

さいきん、ファンダムが形成されている、ある作品がとてもよかったので、SNSで感想を書いたところ、そのファンダムの方から「あなたを尊敬していたいから、こんな汚い沼にはこないで」と声をかけられました。驚くと同時に、あぁ、ファンダムの一部にはこういう人もいた、と思いだしました。その方もその作品を好きなのに、作品のことも自分のことも卑下するのはおかしいと思います。

その作品を作っている人たちの目にこんな発言が入らないように、と祈るような気持ちになりました。こんな形で消費されるクリエイターの苦しさを、わたしも知っているからです。

## 3　ファンが批評を叩いていたら

ファンダムの周辺では、批評が炎上したり、ファンから抗議されることが比較的起こりやすいようです。

このことには、じつは複数の原因があるのかもしれないと考えています。

第一に、ファンのほうが批評家よりくわしく、データの間違いを指摘するという場合です。

長期シリーズやメディアミックス作品になると、すべてのデータを正確に把握することがまず困難です。正直、原作者でさえ完全には覚えきれないほどのデータ量になっていきますし、編集者さんも何人も代替わりするから、最初のほうの巻は読んでいない場合もあります。そうなると、批評家が一本の原稿を書くために把握すべき物量も非常に多く、正直とても大変だと思います。

中にはファンダムの方と同じぐらいくわしそうな批評家さんもいます。というかファンでもありますよね？　え、仲間？　古参ですよね？　という方の場合は、ファンも安心して読めますし、面白いです。矢野利裕《やのとしひろ》さんのアイドル評やアーティスト評などがこれに当たるでしょう。（たとえば「COVID-19時代におけるBTS——「Dynamite」「Butter」「Permission to Dance」」）

千木良悠子《ちぎらゆうこ》さんの『初めての橋本治論』も、著者がおそらくファンの誰よりも橋本さんの作品にくわしい方で、愛も深く、そのうえで好きの論理化をし、胸苦しさを鎮めるために自分の好きの謎を解いていくような作品で、この情念、わかる、わたしも誰かのファンだからわかる、精読と調査と思考の果てに論理化して、して、して、それでも最後に残る、論理で説明し難いこの一粒、小さな大事な、かすかに光っているこれ、これこそがファンの愛、わたしだけの愛、わかる、わかりますその気持ち……と、いささか、いやかなり一方的にですが、著者さんに感情移入しつつおすすめする一冊です。

話を戻します……。

第二に、完成した作品だけではなく、神の脳内まで原作であるという価値観が、批評を苦しめてしまう場合もあります。

この場合、批評家が批評対象のすべてを把握することはさらに困難、いや実行不可能です。膨大なデータをよく調べるならともかく、作者の脳内までチェックしたり推測したりすることまではできないからです。

作品のデータと矛盾しない妥当な分析をしても、「神の脳内イメージと違うかもしれないのに、外から勝手に決めつけてはいけない」という批判がファンダムから出る可能性があります。そこで神本人がさらに「私の内心と違います」と言ったら、正式に間違っていたことになってしまいます。

これについては、どうすればよいかという解決の提案がわたしにはありません。ただ、最近では公式の立場が強くなりすぎてファンが萎縮したり、ファンダムの発言力が大きくなりすぎて、公式のプライベートな行動まで制限したりなど、公式とファンの関係が息苦しくなってしまうこともあります。そんなとき、批評によって、ファンだけが見ているわけじゃないんだなと、視点を広く取ったり、冷静になれたりしますから、自分がファンダムの一員の場合も、神の立場の場合も、批評を応援したい、頼りたいという気持ちが年々増えています。

## 4　思想は隠してと言われたら

小説家もそれぞれみんな、政治についてや、歴史観など、さまざまな思想を持っています。

それについて公で発言する人もいれば、避ける人もいます。

純文学の世界には、思想について論じることも仕事の一環である、という方々も多くいるように感じます。エンタメ小説でも、加減は人によりますが、少なくとも発言できないということはないです。

でもファンダムの中心に神のように立つタイプの小説家の場合、思想を表に出すことをいやがられるようです。エンタメ的な消費の邪魔になるという声が多いようです。つまり、思想に同調できるか否かではなくて、原作者は消費物の一部だから、そんな人間みたいなことを言っちゃいや、ということかと思っています。（どうでしょう……？）

これについては、ほかの小説家さんがどのように対処なさっているのかは、正直わからないです。

自分の仕事についてだけいうと、やはりそのような立ち位置は、長く続けるのは心の状態としてしんどいです。

ファンダムを形成してもらえるようなシリーズ作品と同時に、重ための読後感がある作品も書くことで、わたしの場合、心のバランスが取れました。

仕事としての役割は引き受けつつ、その中でも、人間であることを諦めない。そのために何をどこでどう書くかについて考えつづけています。

## 5 「あなたが推しです」と言われたら

先日あるアイドルのファンの方が、アイドルの発信するものを〝供給〟ということに抵抗が生まれてきたとお話しされていました。

わたしも誰かのファンであるので、どきっとしました。

生きている人間のパフォーマンスなのに、楽しむあまり、相手を物のように扱ってしまうときがあると気づきました。

自分自身が傷つく生身の体であることを、小説家としてのわたしはわかってほしいのに、歌手のファンとしてのわたしは、知らずしらず異なる行動を取ってしまっていたのかもしれません。

芸能人はプラスチックのアクスタではないし、小説家も紙の人形ではない。わたしたち全員が血の通った人間で、傷ついたり、立ち直れなかったり、死んだりする、生身の体と心でフィクションを作っている。そのことについて改めて考えました。


また、ファンダム文化が育つなかで、小説家の立ち位置も少し、いや、けっこう大きく変わってきたとも感じています。

ファンダムが生まれるシリーズ作品ではなく、個別に読まれるタイプの作品の作者としてもです。作者は裏方、中の人という立ち位置のつもりでいたけれど、知らないうちに自分の姿が表に見えるようになっている、と。

わたし自身、ここ数年の変化として、読者の方から、単独作品を愛読してくださるだけでなく、「桜庭《さくらば》さんが推しです」と言っていただくことが急に増えました。（と急に照れながらも書く……）

作品や登場人物じゃなくて、えっ、作者を……？　と最初は驚いたのですが、自分自身を応援してもらえるのも嬉《うれ》しくて、とても励みになります。

それらの方は、こちらが生身の人間であることをよくわかったうえで、心配してくれたり、同じ生身の人間である自分がどんなふうに読んで励まされたかを伝えるという形で、推してくれたりします。

ここからも時代の変化を感じます。

わたしもファンとして誰かを応援するときは、相手を尊敬して、人間として応援しつづけたいと、読者の方の姿勢から学び、変わりつつあります。

# おわりに

ここまでお読みいただいてありがとうございます。

いつもは小説およびエッセイを書いているわたしが、どうしてとつぜん新書を出したのかな、と不思議に思われている方もいると思います。そこで執筆のきっかけについて簡単に説明させてください。

わたしは二〇二二年に、『ことばと』Vol.5の「ことばとわたし」特集で「桜庭一樹×西村紗知「私」はどこからやってきたか?」という対談をしました。注目の新人だと思い、西村さんの論考を読んでいたので、ぜひとお願いしました。その後、Webちくまで西村さんの連載「愛のある批評」が始まったので、これも読んで、SNSに感想を書いていました。

この連載が『女は見えない』というタイトルで二〇二三年一二月に単行本化されたとき、担当編集者の藤岡美玲さんから、帯の推薦文のご依頼をいただきました。わたしには、国内新刊の推薦文はお断りするが、書評やＳＮＳからの抜粋はＯＫという自分ルールがありましたから、藤岡さんと一緒に、ＳＮＳの過去の投稿から推薦文にぴったりの言葉をピックアップする作業をしました。

その過程で、連載の感想からの流れで、「自分は小説は読まれて完成すると思っている」「かつての批評は人の声を聞かないために自分だけの言葉を発していたのではないか。小説家だって引き受けないために共感の言葉で読者を黙らせてきた」というようなことをメールに書きました。……いま読み返すと、あまりに断定的すぎ、細部を全体にしてしまっている、と反省もしますが……。ともかくその流れで「小説家が読まれることについての『読まれる覚悟』という新書を書きませんか？」というご依頼をいただきました。

いざ書きはじめて、改めて自覚したのが、自分がじつは傷つく生身の人間だということでした。当たり前のことですが、長いあいだ飲みこみつづけたせいで、もうよくわからなくなっていました。

ファンダムの感覚として、供給という言葉を使ってしまう、ということについてわたしは四章に書きましたが、これはファンに限らないことだとも思います。批評家の方にも、かつてはあった感覚ではないでしょうか。小説家が小説を書くと、供給として受けとり、物として所有し、切り刻む。いくら切っても血は流れないと。

いや、ファンに限らず、批評家に限らず、もしかしたら小説家どうしでさえも、互いの心をそのように扱ってきたという、長い歴史があるかもしれません。

わたしは幸い長くこの仕事を続けることができ、二〇〇〇年代を生き延び、二〇一〇年代もなんとか乗りきり、二〇二〇年代にまで到着し、そしてその一〇年の半分がもう過ぎようとしています。新しい小説家さん、批評家さんに囲まれ、いまではその方たちからも学びながら仕事を続けています。

そしてこの数年、さまざまな価値観が一新されつつあることをひしひしと感じています。

きっと大勢の人がいま体感しているだろう、小説を読むことと読まれることをめぐるおおきな変化について、なんとか言語化しようとして書いたのがこの本です。

わかってはいるけれど、まだ名前がついていないものに名付けていくのが、小説家の仕事の一つだからです。

さて。

この件に触れずに筆を置くのはかえって不誠実だと次第に感じはじめたので、最後に書かせてください。

わたしは二〇二一年、『文學界』九月号に「少女を埋める」という小説を書きました。これについて同年一〇月に『朝日新聞』に掲載された文芸時評が、誤読である、訂正を求めるという内容を『朝日新聞』と文芸評論家にお伝えしましたが、対応されず、SNSで広く訴えました。

この件については『文學界』同年一一月号に続編「キメラ」を書き、『少女を埋める』という一冊の本になっています。ご興味がある方は読んでください。小説を読まずに憶測で意見を言うのは無責任です。

件《くだん》の文芸時評には、問題点が三つありました。

第一に、読んで自分が想像したことを、小説内に実際に書いてあったこと、つまり事実として書いてしまった点。

第二に、その想像を否定するシーンが小説内にあり、解釈としても誤読である点。

第三に、私小説として書かれた作品についての誤読であり、実在の人間に風評被害が及ぶ可能性がある点。

SNSの反応では、第一と第二の点については、実際に「少女を埋める」を読んでテキストを参照したうえで、誤読だと意見してくれる小説家さんが複数いました。リスクがある中で発言してくださったことを深く感謝しています。

第三の点については、批評家さんの中にも、小説はどう読んでも自由で、小説家は何を言われても耐えるべきだという原理原則ではなく、生きた人間を優先すべきだと言ってくださる方が多くいました。これについても、わたしはお一人お一人の言葉をよく覚えています。

ただ、渦中にいるときには考えが及ばなかったこともありました。

つい先日、ある読書会のZINEを読んでいると、「少女を埋める」についての話題から、このようなくだりがありました。

　十年前、二十年前ならば、こうした議論自体が生じなかったと思うんですよね。ひとたび小説として世に出てしまえば、どのように評される可能性もある。その中で営まれるのが文学だという厳しさが「あたりまえ」とされてきたのが文壇だったと思う。もちろん、その「評」の是非もまた、厳しく吟味されてしかるべきだと思うし、今回の鴻巣さんの仕事についてもその是非が問われる／問われたのだと思うのだけれど、この世間の反応は、僕には時代の変化だと思えた。

（ますく堂なまけもの叢書《そうしょ》『李琴峰『言霊の幸う国で』を読む』、三七ページ）

わたしはこの本の執筆が佳境になった二〇二四年一〇月のある夜にこのくだりを読み、翌朝もう一回読みました。

そして「少女を埋める」は時代が変化するちょうどそのときに起こった事件だったのかもしれないと思い至りました。

もしそうなら、わたしには、より、この変化について言語化する義務があるでしょうか？

いや、べつにないか……。

でも、もし言語化するならどんなふうに？

わたしの声は大きいです。ベテランの小説家ですし、その場にいるだけで一定の圧があります。「少女を埋める」のときは、その大きな声を自分（の家族）を守るために使いましたが、それは最悪の経験でした。

大きな声は小さな声を可視化するために使われるべきです。そもそも、それが小説です。

新人さんやなんらかのマイノリティ性を持つ小説家さんおよび批評家さんがなにに困っているか、言いたいけれど怖くて黙っていることはなにか、もっと考えたうえで書くべきだったと考えて、できあがった部分を書き直したり、書き加えたりしました。

それでも、わたしの側からは見えないことがおそらくたくさんあり、努力を重ねてもなお不完全な一冊になったことを自覚しています。この本は答えではなく議論のたたき台として提示するものです。間違っていると判断されたところについては率直に批判されるべきでしょう。

ともかくこの本が、いまここに存在する問題について、さまざまな立場の方々が少しでも話しやすくなるきっかけに、誰かが発言するときの安全性を担保するための一冊になれたら、幸いです。

もう一つ。

批評について、わたしからお伝えしたいことがあります。

「少女を埋める」「キメラ」について、二〇二一年の終わりから二〇二二年のはじめにかけて、若手の批評家の方々から指摘された問題点が二つありました。

第一に、ベテランの小説家は自分の特権性については無自覚で、新人のころの弱いままの自分像があるが、年齢やキャリアが進んでからは自分の加害性についてこそ書くべきだというご指摘です。

第二に、実在の人物について小説内で書くことの暴力性に無自覚ではないか、というご指摘です。

第一はTwitterのスペースでの詩人との対談。第二は文芸誌の批評でした。どちらも、わたしの価値観に残る古い部分をピックアップしたうえで、加害性をこそ問題視したものとして受けとりました。

これらのご指摘について、直接コメントすることはしておらず、いまこのページで初めて言及するのですが、わたしは非常に正直にいうと、最初はプライドを傷つけられて腹を立てました。それから、理解できるまで考えました。そして約一年後の二〇二三年三月から雑誌連載を始めた小説『名探偵の有害性』では、自分および自分の世代が持つ加害性をテーマに選びました。

単行本化された際、書評家の瀧井《たきい》朝世《あさよ》さんのインタビューを受けました。記事のタイトルは「アップデートとは、自分が間違っていたと理解すること」です。

――読みながら、成長って、新たに何かを獲得するのでなく、自分の過去を検証することでもできるんだな、とつくづく思いました。

**桜庭**　そうですね。最近、アップデートって、「新しいものをインストールする」というよりも、「自分が間違っていたと理解する」ことなのかな、と思うんです。過去の自分の加害性を理解して、自分を変える努力をしないと、アップデートにはならないな、と。今回は名探偵と一緒に、私自身もアップデートしたいなと思いました。

（「アップデートとは、自分が間違っていたと理解すること――桜庭一樹『名探偵の有害性』ロングインタビュー」『別冊文藝春秋』（作家の書き出しVol.32））

わたしは三章で、批評家は小説家の教育者になりうると書きましたが、それはベテラン批評家が新人小説家にとって、という意味だけではありません。わたしの例をとっていえば、新人の批評家たちは、きっと言いづらいなかできわめて慎重に言葉を選び、伝えるべきことを伝えてくれたのだと想像します。批評してくださってありがとうございます。わたしは小説家なので、小説であなたに返答しました。

小説家として、一個人の読者として、ファンダムの一員として、小説と批評とファンの間での有益な対話が恒久的に続くことを祈ります。

これがわたしの、読まれる覚悟です。

# 引用文献

桜庭一樹『赤×ピンク』角川文庫、二〇〇八年
桜庭一樹・西村紗知「対談　桜庭一樹×西村紗知「「私」はどこからやってきたか?」」『文学ムックことばと』vol.5、書肆侃侃房、二〇二二年
森脇透青「【いま、なにも言わずにおくために】#001:意味の考古学 前編」堀之内出版ブログ、二〇二三年九月一五日
https://note.com/horipub/n/n4d04c532beef
桜庭一樹・斎藤真理子・石津文子「桜庭一樹×斎藤真理子×石津文子「少女を埋める」誕生秘話」『週刊文春 WOMAN』vol.12、文藝春秋、二〇二二年
西崎憲、@ken_nishizaki、X、二〇二一年二月六日
https://x.com/ken_nishizaki/status/1357988824872550040
https://x.com/ken_nishizaki/status/1357989663747629056
Shun Fushimi 伏見瞬、@shunnn002、X、二〇二三年一一月一五日
https://x.com/shunnn002/status/1724783808875246018
北村紗衣『批評の教室』ちくま新書、二〇二一年
氷室冴子『新版 いっぱしの女』ちくま文庫、二〇二一年
北村匡平・児玉美月『彼女たちのまなざし——日本映画の女性作家』フィルムアート社、二〇二三

年
ますく堂なまけもの叢書『李琴峰『言霊の幸う国で』を読む』ますく堂なまけもの叢書、二〇二四年
桜庭一樹「アップデートとは、自分が間違っていたと理解すること――桜庭一樹『名探偵の有害性』ロングインタビュー」『別冊文藝春秋』二〇二四年八月三〇日
https://bessatsu-bunshun.com/n/n9d3ff906aad4

## 参考文献

桜庭一樹『GOSICK―ゴシック―』シリーズ、角川文庫
――『砂糖菓子の弾丸は撃ちぬけない――A Lollypop or A Bullet』角川文庫、二〇〇九年
――『赤朽葉家の伝説』創元推理文庫、二〇一〇年
――『私の男』文春文庫、二〇一〇年
――『少女を埋める』文藝春秋、二〇二二年
――「赤」『すばる』二〇二三年八月号、集英社、二〇二三年
――『名探偵の有害性』東京創元社、二〇二四年

### 第二章

熊切和嘉監督『私の男』日活、二〇一四年公開

チョ・ナムジュ『82年生まれ、キム・ジヨン』斎藤真理子訳、筑摩書房、二〇一八年
メアリー・シェリー『フランケンシュタイン』芹澤恵訳、新潮文庫、二〇一四年
廣野由美子『批評理論入門』中公新書、二〇〇五年
ヴィクトル・ユーゴー『レ・ミゼラブル《全四冊セット》』豊島与志雄訳、岩波文庫、一九〇三年
ハン・ガン『少年が来る』井手俊作訳、CUON、二〇一六年
——『別れを告げない』斎藤真理子訳、白水社、二〇二四年
——『菜食主義者』きむふな訳、CUON、二〇一一年
ファン・ジョンウン『ディディの傘』斎藤真理子訳、亜紀書房、二〇二〇年
パク・ソルメ『もう死んでいる十二人の女たちと』斎藤真理子訳、白水社、二〇二一年
チェ・ウニョン「シンチャオ、シンチャオ」『ショウコの微笑』吉川凪監修、牧野美加・横本麻矢・小林由紀翻訳、CUON、二〇一八年
小山内園子『〈弱さ〉から読み解く韓国現代文学』NHK出版、二〇二四年
斎藤真理子『韓国文学の中心にあるもの』イースト・プレス、二〇二二年
周濂渓「通書」、周濂渓・張横渠『太極図説・通書　西銘・正蒙』西晋一郎・小糸夏次郎訳註、岩波文庫、一九八六年
シェイクスピア『ハムレット』松岡和子、ちくま文庫、一九九六年
トム・ストッパード『トム・ストッパード（3）ローゼンクランツとギルデンスターンは死んだ』小川絵梨子訳、ハヤカワ演劇文庫、二〇一七年
ステファニー・メイヤー『トワイライト』シリーズ、小原亜美訳、ヴィレッジブックス

E・L・ジェイムズ『フィフティ・シェイズ・オブ・グレイ』シリーズ、池田真紀子訳、ハヤカワ文庫NV
氷室冴子『シンデレラ迷宮』集英社コバルト文庫、一九八三年
シャーロット・ブロンテ『ジェイン・エア　上・下』河島弘美訳、岩波文庫、二〇一三年
ジーン・リース「サルガッソーの広い海」、ヴァージニア・ウルフ、ジーン・リース『灯台へ／サルガッソーの広い海』、河出書房新社、二〇〇九年
トム・ゴドウィン『冷たい方程式』伊藤典夫訳、ハヤカワ文庫、二〇一一年
湯田伸子「修道士の方程式」『時のオルフェ炎の道行』ビーグリー、二〇一七年

**第三章**

早稲田大学ホームページ「話者同士でつくりあう「共話」型コミュニケーションのデザインに向けて」
https://www.waseda.jp/inst/research/news/77644
福尾匠『ひとごと――クリティカル・エッセイズ』河出書房新社、二〇二四年
渡辺祐真『物語のカギ――「読む」が10倍楽しくなる38のヒント』笠間書院、二〇二二年
「セックス・アンド・ザ・シティ」HBO、一九九八―二〇〇四年放送
斎藤美奈子『妊娠小説』ちくま文庫、一九九七年
三宅香帆『娘が母を殺すには?』PLANETS、二〇二四年
近藤銀河『フェミニスト、ゲームやってる』晶文社、二〇二四年

李琴峰『透明な膜を隔てながら』早川書房、二〇二二年
嵯峨景子『氷室冴子とその時代　増補版』河出書房新社、二〇二三年
市川沙央『ハンチバック』文藝春秋、二〇二三年
倉橋由美子『暗い旅』河出文庫、二〇〇八年
小平麻衣子『なぞること、切り裂くこと――虚構のジェンダー』以文社、二〇二三年
小平麻衣子「あなたはだんだん倉橋が読みたくなる――『暗い旅』のまやかし」『掌の読書会――桜庭一樹と読む倉橋由美子』中公文庫、二〇二三年
溝口彰子『BL研究者によるジェンダー批評入門――言葉にならない「モヤモヤ」を言葉で語る「ワクワク」に変える、表象分析のレッスン』笠間書院、二〇二三年

## 第四章

矢野利裕、note、二〇二二年一月一四日、「COVID-19時代におけるBTS――「Dynamite」「Butter」「Permission to Dance」」
https://note.com/yanotoshihiro/n/nbef26b90cc66
千木良悠子『はじめての橋本治論』河出書房新社、二〇二四年

## ちくまプリマー新書

## ちくまプリマー新書

027
世にも美しい日本語入門
安野光雅
藤原正彦
七五調のリズムから高度なユーモアまで、古典と呼ばれる文学作品には、美しく豊かな日本語があふれている。若い頃から名文に親しむ事の大切さを、熱く語り合う。

374
「自分らしさ」と日本語
中村桃子
なぜ小中学生女子は「わたし」ではなく「うち」と言うのか？　社会言語学の知見から、ことばと社会とわたしたちの一筋縄ではいかない関係をひもとく。

463
ことばが変われば社会が変わる
中村桃子
ひとの配偶者の呼び方がむずかしいのはなぜ？　ことばと社会のこんがらがった相互関係をのぞきこみ、私たちがもつ「言語観」を明らかにし、変化をうながす。

442
世にもあいまいなことばの秘密
川添愛
「この先生きのこるには」「大丈夫です」これらの表現は、読み方次第で意味が違ってこないか。このような曖昧な言葉の特徴を知れば、余計な誤解もなくなるはず。

408
難しい本を読むためには
山口尚
ページを開いてもわからないものはわからない。そんな本に有効なのは正攻法の読み方だ。キーセンテンスの探し方から読書会まで、いままでにない読書法を教えます。

chikuma primer shinsho

ちくまプリマー新書478
読《よ》まれる覚悟《かくご》
二〇二五年一月十日　初版第一刷発行

著者　桜庭一樹（さくらば・かずき）
装幀　クラフト・エヴィング商會
発行者　増田健史
発行所　株式会社筑摩書房
東京都台東区蔵前二-五-三　〒一一一-八七五五
電話番号　〇三-五六八七-二六〇一（代表）
印刷・製本　中央精版印刷株式会社

ISBN978-4-480-68512-4 C0295 Printed in Japan